73,80

Ross Campbell

Kinder sind wie ein Spiegel

Verlag der
Francke-Buchhandlung GmbH
Marburg an der Lahn

ISBN 3 88224 126 8
1. Auflage 1979
2. Auflage 1981
3. Auflage 1982
4. Auflage 1983
5. Auflage 1984
6. Auflage 1984
7. Auflage 1985

Originaltitel: How to really love your child

Übersetzung aus dem Amerikanischen: LITERA
Umschlaggestaltung: LITERA
Gesamtherstellung: St.-Johannis-Druckerei, 7630 Lahr-Dinglingen
Printed in Germany 21155/1985

Inhalt

Einführung 7

1. Das Problem 9

2. Der Hintergrund 18

3. Das Fundament 27

4. Wie sollen wir unser Kind lieben? 34
Augen- bzw. Blickkontakt

5. Wie sollen wir unser Kind lieben? 41
Körperlicher Kontakt

6. Wie sollen wir unser Kind lieben? 49
Konzentrierte Aufmerksamkeit

7. Angemessene und unangemessene Liebe 59

8. Disziplin – Was ist das? 69

9. Liebevolle Disziplin 79

10. Disziplin 88
Bitten, Befehle, Belohnungen, Strafen

11. Kinder mit besonderen Problemen 99

12. Geistige Hilfe für unser Kind 105

Einführung

Dieses Buch ist zunächst für Eltern von Kindern geschrieben, die noch nicht zu den Jugendlichen gerechnet werden. Seine Absicht ist es, Müttern und Vätern eine verständliche und praktische Anleitung zu ihrer wunderbaren und verantwortungsvollen Aufgabe, ein Kind zu erziehen, in die Hand zu geben.

Ich habe versucht, meine Botschaft den Eltern so klar und genau wie möglich zu übermitteln. Mein Anliegen betrifft die Bedürfnisse eines Kindes und wie man ihnen am besten gerecht wird.

Der gesamte Bereich der Kindererziehung ist an sich so kompliziert, daß er den meisten heutigen Eltern große Schwierigkeiten bereitet. Unglücklicherweise haben Bücher, Artikel, Vorlesungen und Seminare – soweit sie Kinder betreffen – die Eltern weitgehend frustriert und verunsichert, statt ihnen zu helfen. Das ist bedauerlich, weil die meisten dieser Informationsquellen ausgezeichnet sind.

Ich glaube, die Schwierigkeit liegt darin, daß viele Bücher, Artikel und Vorlesungen sich auf einen oder nur wenige ganz besondere Aspekte der Kindererziehung beschränken, ohne das Gesamtproblem voll zu erfassen oder den speziellen Bereich, den sie behandeln, zu klären. Die Folge davon ist, daß viele gewissenhafte Eltern sich bemüht haben, das anzuwenden, was sie als grundlegende Art der Zuwendung zum Kind gelesen oder gehört haben; so etwas mißlingt oft. Solche Fehlschläge sind gewöhnlich weder auf fehlerhafte Information noch auf falsche Anwendung zurückzuführen.

Meiner Erfahrung nach entsteht das Problem meistens dadurch, daß die Eltern keine allgemein ausgewogene Perspektive hinsichtlich ihrer Beziehung zum Kind haben. Die meisten Eltern haben zwar wesentliche Kenntnisse, aber es herrscht Unklarheit darüber, welches Prinzip wann und unter welchen Umständen angewandt werden sollte. Diese Verwirrung ist verständlich. Den Eltern ist zwar vielfach gesagt worden, was sie tun sollen, aber nicht wann und in vielen Fällen auch nicht wie.

Das klassische Beispiel hierfür ist das Gebiet der Disziplin. Ausgezeichnete Bücher und Seminare über das Kindheitsalter haben das Thema der Disziplin angesprochen, machen aber nicht klar, daß Disziplin nur *eine* Kommunikationsmöglichkeit mit dem Kind ist. Viele Eltern ziehen dann den Schluß, Disziplin sei die eigentliche und ursprüngliche Art, ein Kind zu behandeln. Dies ist ein Fehler, den man leicht macht, wenn man den Satz hört: »Wer sein Kind liebt, muß es an Disziplin gewöhnen.« Diese Feststellung stimmt natürlich, aber das Tragische ist, daß viele Eltern ausschließlich Disziplin üben, dabei aber nur wenig Liebe zeigen, die das Kind spüren und trösten kann. Daher bezweifeln die meisten Kinder, daß sie wahrhaft und bedingungslos geliebt werden. Das Problem ist also nicht, ob wir Disziplin üben sollen, sondern wann wir unsere Liebe zum Kind durch Disziplin unter Beweis stellen und wann wir sie auf andere liebevollere Art zeigen sollen.

Ich hoffe, es gelingt mir, diese Probleme klar und verständlich aufzuzeigen, um damit zu demonstrieren, wie man allgemein die Erziehung angehen kann. Außerdem hoffe ich, Informationen zu liefern, die den Eltern helfen, in jeder Situation korrekt zu handeln. Natürlich ist es unmöglich, jede schwierige Lage in den Griff zu bekommen. Doch je näher wir diesem Ziel kommen, umso bessere Eltern werden wir sein, umso mehr Befriedigung werden wir empfinden und umso glücklicher wird unser Kind.

Das meiste Material in diesem Buch ist aus Vorlesungsserien entstanden, die im Verlauf der letzten drei Jahre bei zahlreichen Tagungen über das Eltern-Kind-Verhältnis gehalten wurden.

Das Problem

»Er war so ein guter Junge und benahm sich immer so gut«, klagten die Eltern, und dann kamen sie in meinem Sprechzimmer mit ihrer traurigen Geschichte heraus. »Er schien so zufrieden zu sein und machte uns nie besondere Schwierigkeiten. Wir haben immer darauf geachtet, daß er die richtigen Beschäftigungen hatte: Pfadfinder, Sportverein, Kirche usw. Er zankte sich zwar ständig mit seinem Bruder und seiner Schwester, aber das ist doch wohl nur Eifersucht unter Geschwistern, nicht wahr?

Abgesehen davon hat uns Fred nie wirkliche Schwierigkeiten gemacht. Manchmal ist er wohl mürrisch und bleibt lange allein in seinem Zimmer, aber er war nie unhöflich oder ungehorsam oder unverschämt, darauf hat sein Vater schon geachtet. Worauf wir bei der Erziehung besonderen Wert gelegt haben, war Disziplin. Und deshalb verwundert uns das am meisten: Wie kann ein Kind, das sein Leben lang an Disziplin gewöhnt war, sich auf einmal mit Straßenjungen anfreunden und sich so wie sie benehmen? Und sogar seine Eltern und andere Erwachsene so behandeln? Diese Jungen lügen, stehlen und trinken Alkohol.

Ich habe kein Vertrauen mehr zu ihm. Ich kann nicht mehr mit ihm sprechen, und er will nicht mit mir reden. Er ist so widerspenstig und in sich gekehrt. Er sieht mich nicht einmal mehr an. Offenbar will er gar nichts mehr mit uns zu tun haben. Und in der Schule ist er in diesem Jahr auch so schlecht geworden.«

»Seit wann haben Sie diese Veränderungen an Fred bemerkt?« fragte ich.

»Warten Sie«, antwortete Mrs. Smith, »er ist jetzt 14. An seinen Zensuren haben wir zuerst etwas gemerkt, das war vor etwa zwei Jahren. In den letzten Monaten der sechsten Klasse merkten wir, wie ihm zuerst die Schule und dann auch andere Dinge immer langweiliger wurden. Er wollte auch nicht mehr zur Kirche gehen. Später verlor Fred sogar das Interesse an seinen Freunden und blieb immer mehr allein für sich, meistens in seinem Zimmer. Er redete auch immer weniger.

Aber richtig schlimm wurde es erst, als er in die Oberschule kam. Fred verlor das Interesse an seinen Lieblingsbeschäftigungen, sogar am Sport. Damals ließ er alle seine alten Freunde fallen und fing an, mit Jungen herumzulaufen, die ständig in irgendwelchen Schwierigkeiten waren. Auch sein Verhalten änderte sich und paßte sich dem seiner neuen Freunde an. Er legte keinen Wert mehr auf seine schulischen Leistungen und wollte nicht mehr lernen. Diese Freunde haben ihn auch oft in Schwierigkeiten gebracht.«

»Wir haben alles nur Mögliche versucht«, fuhr Mrs. Smith fort. »Zuerst haben wir ihn verprügelt. Dann haben wir ihm Fernsehen, Kino u. ä. verboten. Einmal bekam er sogar einen ganzen Monat Stubenarrest. Wir haben auch versucht, ihn für anständiges Benehmen zu belohnen. Ich glaube wirklich, daß wir jede uns empfohlene Erziehungsmaßnahme versucht haben. Ich möchte zu gerne wissen, ob uns oder Fred noch irgend jemand helfen kann.

Was haben wir denn falsch gemacht? Sind wir schlechte Eltern? Wir haben uns weiß Gott bemüht. Vielleicht ist es angeboren oder erblich, oder könnte es physisch begründet sein? Aber unser Kinderarzt hat ihn erst vor wenigen Wochen untersucht. Vielleicht sollten wir ihn zu einem Drüsenspezialisten schicken oder ein EEG machen lassen? Wir brauchen Hilfe, und Fred braucht sie. Wir lieben doch unseren Jungen, Dr. Campbell. Wie können wir ihm bloß helfen? Es muß doch etwas geschehen!«

Später, nachdem Mr. und Mrs. Smith gegangen waren, kam Fred ins Sprechzimmer. Ich war von seiner Natürlichkeit und seinem netten Aussehen beeindruckt. Er hatte die Augen niedergeschlagen, und wenn er mich überhaupt ansah, dann nur ganz kurz. Obwohl er offensichtlich ein heller Bursche war, sprach er in kurzen, abgehackten Sätzen oder brummte nur. Als er aber genug Zutrauen gefaßt hatte, erzählte er mir seine Geschichte, und es waren genau dieselben Fakten wie bei seinen Eltern! Zuletzt sagte er: »Niemand mag mich wirklich, nur meine Freunde.«

»Niemand?« fragte ich.

»Nein. Vielleicht meine Eltern. Das weiß ich nicht. Als ich klein war, dachte ich, sie mögen mich. Ich glaube, jetzt ist das sowieso egal. Wirklich wichtig sind für sie nur ihre Bekannten und Freunde, ihre Arbeit und ihre Hobbys.

Sie brauchen jedenfalls nicht zu wissen, was ich mache. Das geht sie gar nichts an. Ich möchte einfach nichts mit ihnen zu tun haben und mein eigenes Leben führen. Warum müssen sie sich jetzt so um mich kümmern? Das haben sie früher auch nie getan.«

Im Laufe der Unterhaltung wurde mir klar, daß Fred völlig deprimiert war, weil er nie mit sich selbst und seinem Leben zufrieden war. Solange er denken konnte, hatte Fred sich nach einer engen, warmen Bindung zu seinen Eltern gesehnt, in den letzten Monaten hatte er diesen Traum jedoch langsam aufgegeben. Er hatte sich Straßenjungen angeschlossen, die ihn akzeptierten, aber er wurde dabei immer unglücklicher.

Dies ist eine in der heutigen Zeit ganz alltägliche, aber tragische Situation. Ein Junge, am Anfang der Pubertät, der ganz offensichtlich vorher immer nett und ordentlich war. Bis zu seinem 12. oder 13. Lebensjahr kam niemand auf die Idee, Fred könnte unglücklich sein. Damals war er ein zufriedenes Kind, das keine großen Anforderungen an seine Eltern, Lehrer oder an andere stellte. Niemand ahnte, daß er das Gefühl hatte, nicht genug geliebt und akzeptiert zu werden. Obwohl er Eltern hatte, die ihn von Herzen liebten und sich um ihn sorgten, fühlte er sich nicht wirklich geliebt. Fred kannte die Liebe und Fürsorge seiner Eltern, und er hätte niemals etwas Negatives darüber gesagt. Trotzdem fehlte ihm dieses körperlich-seelische Wohlbefinden, das aus dem Gefühl entspringt, vollständig und bedingungslos geliebt und anerkannt zu werden.

Das alles ist wirklich schwer zu verstehen, denn Mr. und Mrs. Smith sind tatsächlich gute Eltern. Sie lieben Fred und sorgen für ihn nach bestem Wissen. Bei seiner Erziehung haben sie alles berücksichtigt, was sie gelesen und gehört haben, und sie haben sogar noch andere um Rat gefragt. Ihre Ehe ist überdurchschnittlich gut, sie lieben und respektieren einander.

Eine wohlbekannte Geschichte

Für die meisten Eltern ist es schwierig, ein Kind zu erziehen. Leicht wird man durch Spannungen und Druck, der von außen auf die Familie einwirkt, unsicher und mutlos gemacht. Die steigende Zahl von Ehescheidungen, wirtschaftliche Krisen, die sinkende Qualität der Erziehung und der Verlust an Vertrauen zu führenden Persönlichkeiten fordern von jedermann ihren Tribut. In dem Maße, in dem sich Eltern körperlich, seelisch und geistig leerer fühlen, wird es für sie immer schwerer, ihr Kind zu voller Menschlichkeit zu erziehen. Ich bin davon überzeugt, daß ein Kind den Stürmen dieser schwierigen Zeiten am stärksten ausgesetzt ist. In unserer Gesellschaft ist es das bedürftigste Glied, und sein größtes Bedürfnis ist Liebe.

Freds Schicksal ist eine wohlbekannte Geschichte unserer Tage. Seine Eltern lieben ihn innig. Sie haben bei seiner Erziehung ihr Bestes getan, aber irgend etwas fehlt. Was könnte das sein? Nicht fehlende Liebe, denn seine Eltern lieben ihn wirklich. Das Grundproblem liegt darin, daß Fred nicht das Gefühl hat, geliebt zu werden. Sind die Eltern daran schuld? Ist das ihr Fehler? Ich glaube kaum. Die Wahrheit ist, daß Mr. und Mrs. Smith Fred immer geliebt haben, aber nie wußten, wie sie es ihm zeigen sollten. Wie die meisten Eltern haben sie nur eine vage Idee von dem, was ein Kind braucht: Essen, Kleidung, ein Dach über dem Kopf, Ausbildung, Liebe, Führung usw. Alle diese Bedürfnisse wurden befriedigt, nur die bedingungslose Liebe fehlte. Obgleich fast alle Eltern ihre Kinder lieben, muß diese Liebe auch dem Kind mitgeteilt werden.

Ich glaube, daß trotz der heute täglich anfallenden Probleme alle Eltern, die sich wirklich darum bemühen, lernen können, ihrem Kind das zu geben, was es wirklich braucht. Um ihrem Kind in der kurzen Zeit, die es bei ihnen ist, alles an Zuneigung zu schenken, sollten alle Eltern wissen, wie sie ihr Kind richtig lieben sollen.

»Ich erinnere mich an eine Sache, da war ich fünf oder sechs Jahre alt. Es macht mich heute noch traurig, wenn ich daran denke, und manchmal werde ich richtig wütend darüber«, erzählte Fred ein paar Tage später. »Ich hatte aus Versehen eine Scheibe mit einem Baseball eingeworfen. Es war mir schrecklich, und ich versteckte mich im Wald, bis Mama mich suchen kam. Es tat mir ehrlich leid, und ich weiß noch, ich weinte sogar, weil ich dachte, ich wäre schrecklich ungezogen. Als Papa nach Hause kam, erzählte ihm Mama von der Fensterscheibe, und er verprügelte mich.« Dabei traten Tränen in Freds Augen.

Ich fragte ihn: »Was hast du damals gesagt?«

Er schluckte: »Nichts«.

Dieser Zwischenfall beleuchtet ein anderes umstrittenes Gebiet der Kinderbehandlung, nämlich das der Disziplin. Hier weckte die Art, wie Fred zur Rechenschaft gezogen wurde, in ihm Gefühle wie Schmerz, Zorn und Groll auf seine Eltern, die er ihnen ohne Hilfe nie vergessen oder vergeben wird.

Sieben Jahre später schmerzt ihn dieses Ereignis immer noch. Wieso konnte dieser spezielle Zwischenfall einen so negativen Eindruck in Freds Erinnerung hinterlassen? Sonst hatte er Prügel oft ohne weiteres akzeptiert oder hatte sie sogar für nötig gehalten. War es diesmal anders, weil es ihm ohnehin schon leid tat und er sich für das zerbrochene Fenster entschuldigen wollte? Hatte er nicht auch ohne körperlichen Schmerz für diese Sache genug gebüßt? Oder hatten ihn die Schläge letztlich davon überzeugt, daß seine Eltern kein Verständnis für ihn hatten und seine Gefühle nicht kannten? Hätte Fred in diesem besonderen Fall nicht eher Wärme und Verständnis als harte Strafe gebraucht? Wenn ja, woher hätten Freds Eltern das wissen sollen? Und wie hätten sie herausfinden können, welche Disziplinierungsmaßnahme in diesem Augenblick geeignet gewesen wäre?

Wie denken Sie als Eltern darüber? Sollten wir im voraus entscheiden, welche Maßnahme wir wann in der Kindererziehung zu ergreifen haben? Sollten wir konsequent sein? Wenn ja, wie konsequent? Sollten wir unser Kind für jede Ungezogenheit bestrafen, und sollte dies immer auf die gleiche Weise geschehen? Wenn nicht, welche Alternativen gibt es? Was ist eigentlich Disziplin? Sind Disziplin und Strafe dasselbe? Sollten wir uns bei der Erziehung nach einer wissenschaftlichen Methode, z. B. dem effektiven Elterntraining richten und nach deren Leitlinien erziehen? Oder sollten wir lieber unseren eigenen gesunden Menschenverstand und unsere Intuition gebrauchen? Vielleicht von beidem etwas, aber dann wieviel und wann?

Mit diesen Fragen müssen sich alle gewissenhaften Eltern ernsthaft auseinandersetzen. Man bombardiert uns mit Büchern, Artikeln, Seminaren und Untersuchungen, wie wir unsere Kinder erziehen sollen. Die Ratschläge reichen vom Packen und Schütteln des Kindes bis hin zur Belohnung mit Süßigkeiten.

Wie hätten nun Freds Eltern in dieser Situation handeln sollen? Einerseits sollte Fred seine Strafe bekommen, andererseits sollte die liebevolle Beziehung zu ihm nicht gefährdet werden. Wir wollen uns später mit diesem schwierigen Thema befassen.

Ich glaube, alle Eltern stimmen mit mir darin überein, daß es heutzutage besonders schwer ist, ein Kind zu erziehen. Ein Grund dafür ist, daß das Kind so vielen fremden Einflüssen ausgesetzt ist, z. B. Schule, Kirche, Nachbarn, Freunde. Deswegen haben viele Eltern das Gefühl, daß, ganz gleich welche Mühe sie sich bei der Erziehung geben, ihre Anstrengungen wenig Erfolg haben.

Das Gegenteil ist wahr

Genau das Gegenteil ist wahr! Noch jede Studie, mit der ich mich befaßt habe, besagte, daß das Elternhaus in jedem Fall das meiste Gewicht hat. Der Einfluß der Eltern ist bei weitem größer als alles andere. Das Elternhaus bestimmt, wie glücklich, sicher und gefestigt ein Kind ist, wie gut es mit Erwachsenen, Freunden und anderen Kindern auskommt, wieviel Selbstvertrauen es zu sich und seinen eigenen Fähigkeiten hat, wie zärtlich oder wie zurückhaltend es ist und wie es auf außergewöhnliche Situationen reagiert. Das Elternhaus hat trotz vieler Einwirkungen von außen doch den größten Einfluß auf ein Kind.

Aber das Elternhaus ist sicherlich nicht einzig und allein entscheidend für die Entwicklung eines Kindes. Wir sollten nicht den Fehler machen, die Schuld für alle Probleme und Enttäuschungen immer beim Elternhaus zu suchen. Ich glaube, daß wir aus Gründen der Fairneß und Vollständigkeit den zweitgrößten Einfluß auf ein Kind genau unter die Lupe nehmen müssen.

Die angeborenen Wesensmerkmale

Ganz sicher gibt es viele Arten von angeborenen (kongenitalen) Wesensmerkmalen. Neun davon hat man bis heute feststellen können. Eine Untersuchung hierüber verdanken wir Stella Chess und Alexander Thomas. Die Ergebnisse wurden in ihrem Buch »Wesensmerkmale und Verhaltensstörungen bei Kindern«, New York 1968, veröffentlicht.

Dieses Buch gilt als Standardwerk und stellt eine große Bereicherung für die Verhaltensforschung dar. Es beschreibt sehr gut, warum Kinder individuelle charakteristische Eigenschaften haben. Es erklärt, warum einige Kinder leichter zu erziehen sind, warum manche Kinder liebenswerter und einfacher im Umgang sind als andere und weshalb Kinder aus derselben Familie oder aus vergleichbaren Verhältnissen so verschieden sein können.

Die wichtigste Erkenntnis aus der Untersuchung von Dr. Chess und Dr. Thomas: Die Entwicklung eines Kindes ist nicht nur von der häuslichen Umgebung, sondern genauso von seinen persönlichen Wesenszügen abhängig. Das hat zu dem positiven Ergebnis geführt, daß mancher unberechtigte Vorwurf gegen Eltern von Problemkindern heute nicht mehr erhoben wird. Leider ist es allgemein – auch unter Fachleuten – üblich, die Eltern für alles voll verantwortlich zu machen, was die Kinder tun. Die Untersuchung von Chess und Thomas hat nun bewiesen, daß einige Kinder mehr dazu neigen, in Schwierigkeiten zu geraten, als andere.

Wir wollen uns kurz mit ihrer Untersuchung befassen. Es werden neun Wesensmerkmale beschrieben, die in einer Säuglingsabteilung bei Neugeborenen erkannt wurden. Diese sind nicht nur angeboren (kongenital), sondern sie stellen auch die Grundwesenszüge eines Kindes dar und sind im allgemeinen bleibend. Diese Wesenszüge können durch die Umgebung des Kindes abgewandelt werden; nichtsdestoweniger sind sie in der ganzen Persönlichkeit des Kindes so tief verwurzelt, daß sie sich nicht so leicht ändern und in der Regel das ganze Leben hindurch erhalten bleiben. Hier eine Übersicht der angeborenen Wesensmerkmale:

1. Das *Aktivitätsniveau* ist die motorische Aktivität, die ein Kind von Natur aus hat und die sein aktives oder passives Verhalten bestimmt.
2. *Rhythmus* (Regelmäßigkeit bzw. Unregelmäßigkeit) ist die Voraussagbarkeit solcher Erscheinungen wir Hunger, Eßgewohnheiten, Stuhlgang oder der Schlaf-Wach-Zyklus.
3. *Zuneigung oder Ablehnung* ist die Art der Reaktion eines Kindes auf einen neuen Reiz, wie z. B. eine neue Speise, ein neues Spielzeug oder eine ihm unbekannte Person.
4. Als *Anpassungsvermögen* gilt die Zeit und die Leichtigkeit, mit der ein Kind auf eine veränderte Umwelt reagiert und sein bisheriges Verhalten den neuen Gegebenheiten anpaßt.
5. *Reaktionsintensität* ist die Energiemenge, die zum Ausdrücken von Stimmungen aufgebracht wird.
6. Die *Reaktionsschwelle* ist die zur Auslösung einer Reaktion erforderliche Reizintensität.
7. *Stimmungsqualität* (positive bzw. negative Gestimmtheit): spielerisches, heiteres, fröhliches, freundliches Verhalten im Gegensatz zu unlustigem, nörgelndem, unfreundlichem Wesen.
8. Als *Ablenkbarkeit* bezeichnet man die Auswirkung äußerer Einflüsse auf das derzeitige Verhalten.

9. Die *Aufmerksamkeitsspanne und Ausdauer* ist die Zeitspanne, während der ein Kind eine bestimmte Handlung verfolgt, und die Fortsetzung einer Tätigkeit trotz auftretenden Hindernisse.

Wie Sie wahrscheinlich bemerkt haben, sind das dritte, vierte, fünfte und siebente Wesensmerkmal entscheidend dafür, ob ein Kind leicht oder schwer zu erziehen und zu versorgen ist. Hier einige Beispiele zu den genannten Wesensmerkmalen: Ein äußerst reaktionsschnelles Kind (hochgradig emotionell), ein Kind, das sich einer unbekannten Situation zu entziehen versucht (ein »Ausweicher«), ein Kind, das sich nur schwer neuen Situationen anpaßt (kann keinen Wechsel ertragen), ein im allgemeinen schlecht gelauntes Kind. Alle diese Kinder sind durch Streß und besonders durch zu hohe elterliche Erwartungen leicht verwundbar. Unglücklicherweise empfangen gerade diese Kinder weniger Liebe und Zuwendung von den Erwachsenen.

Hieraus sollte man lernen, daß die Grundwesenszüge eines Kindes stark von der Art der mütterlichen Zuwendung und Erziehung, die ihm zuteil wird, abhängen.

Als sie diese neun Wesensmerkmale einführten, stellten Chess und Thomas auch eine Bewertungsskala auf, um Neugeborene zu beurteilen. Anhand der Daten konnten sie genau vorhersagen, welche Kinder »leichte« Babys werden würden, d. h. Kinder, die leicht zu erziehen und zu versorgen sind und zu denen man leicht eine Beziehung herstellen kann, und welche »schwierige« Babys sein würden; so nannten sie Kinder, die schwer zu erziehen und zu versorgen sind und bei denen eine Kontaktaufnahme nicht leicht ist. »Schwierige« Babys würden später mehr von ihren Müttern fordern als die »leichten« Babys.

Danach verfolgten Chess und Thomas, wie sich die Kinder entsprechend der mütterlichen Pflege weiterentwickelten. Sie beobachteten die Kinder mit »fürsorglichen« Müttern (Mütter, die sich ihre Kinder gewünscht haben und in deren warmer, liebevoller Atmosphäre sich die Kinder geborgen fühlen). Die beiden Wissenschaftler beobachteten ebenfalls »nicht-fürsorgliche« Mütter (Mütter, die bewußt oder unbewußt ihre Babys ablehnen und die nicht in der Lage sind, eine Atmosphäre zu schaffen, in der sich Kinder geliebt und geborgen fühlen). Das folgende Schema faßt ihre Beobachtungen zusammen.

	fürsorgliche Mütter		nicht-fürsorgliche Mütter	
leichte Babys	+	+	+	—
schwierige Babys	+	—	—	—

Wie man sieht, entsprachen sich die »leichten« Babys und die »fürsorglichen« Mütter. Diese Kinder entwickelten sich gut ohne nennenswerte Erziehungsprobleme.

Die »fürsorglichen« Mütter mit »schwierigen« Babys hatten zwar Probleme mit ihren Kindern, wurden aber auch mit nicht ganz einfachen Situationen gut fertig. Insgesamt gesehen gediehen die »schwierigen« Babys in der liebevollen Atmosphäre dieser Mütter auch recht gut.

Die »leichten« Babys mit »nicht-fürsorglichen« Müttern entwickelten sich im allgemeinen nicht ganz so gut. Sie hatten es schwerer als die »schwierigen« Babys mit »fürsorglichen« Müttern. Ihre Erfahrungen waren eher negativ als positiv.

Wie vorauszusehen war, hatten es die »schwierigen« Babys mit den »nicht-fürsorglichen« Müttern am ungünstigsten getroffen. Diese armen Kinder waren in einer solch mißlichen Lage, daß sie treffend »Risikokinder« genannt wurden. Ihre Situation kann uns nahegehen. Sie sind in jeder Hinsicht gefährdet, angefangen vom Kindesmißbrauch bis hin zum Verlassenwerden. Ich halte die Bezeichnung »Risikokinder« für durchaus berechtigt.

Wenn wir dies alles bedenken, werden uns einige außerordentlich wichtige Zusammenhänge klar: So hängt es nicht nur von den häuslichen Verhältnissen und den Eltern ab, wie ein Kind mit dem Leben fertig wird. Die angeborenen Grundwesenszüge haben ebenfalls einen starken Einfluß darauf, wie sich ein Kind entwickelt, welche Fortschritte es macht und wie es zur Reife kommt.

Diese Wesenszüge beeinflussen und entscheiden oft sogar, wie leicht oder schwer es für Eltern ist, ein Kind zu lieben und zu umsorgen bzw. wie entmutigend diese Aufgabe sein kann. Dies wiederum beeinflußt die Art und Weise, wie Eltern mit ihrem Kind umgehen; hier besteht also eine gewisse Gegenseitigkeit.

In meiner täglichen Praxis hat das Erkennen dieser Zusammenhänge vielen entmutigten Eltern geholfen.

Ein sehr wichtiger Hinweis für die Eltern ist ferner, daß ungeachtet der angeborenen Wesensmerkmale eines Kindes die Art der mütterlichen bzw. väterlichen Pflege und Zuwendung entscheidend für die Entwicklung eines Kindes ist. Sehen wir uns noch einmal das Schema an: Obgleich ein »schwieriges« Kind selbstverständlich schwerer zu erziehen ist, hat die Art der gefühlsmäßigen Zuwendung einen größeren Einfluß auf das Endergebnis; denn die Eltern können die angeborenen Wesensmerkmale positiv oder negativ verändern.

Und darum geht es in diesem Buch: Es ist ein Ratgeber für Eltern, wie sie zu ihrem Kind eine möglichst enge Beziehung herstellen können, damit es sich optimal entwickeln kann, und wie sie ihrem Kind die gefühlsmäßige Zuwendung zuteil werden lassen, die es so dringend braucht. Es ist unmöglich, hier jeden Aspekt der Kindererziehung zu berücksichtigen. Ich habe deshalb nur das erwähnt, was ich als die wichtigste Grunderkenntnis für erfolgreiche Elternschaft ansehe.

Es ist eine Tatsache, daß die meisten Eltern ihre Kinder lieben. Allgemein wird jedoch angenommen, daß die Eltern diese Liebe an ihre Kinder weitergeben. Das ist in der heutigen Zeit der größte Irrtum. Die meisten Eltern geben die Liebe, die sie in ihrem Herzen fühlen, oft deshalb nicht an ihre Kinder weiter, weil sie nicht wissen wie. Dementsprechend fühlen sich heutzutage viele Kinder nicht wahrhaft und bedingungslos geliebt und akzeptiert.

Gerade das dürfte heute bei vielen Problemen in der Eltern-Kind-Beziehung eine große Rolle spielen. Wenn Eltern keine auf echter Liebe gegründete Beziehung zu ihrem Kind haben, ruht alles andere –Disziplin, Freundschaften, schulische Leistungen – auf einem schlechten Fundament, und es gibt Probleme.

Das vorliegende Buch soll Hilfen zum Aufbau einer liebevollen Beziehung zwischen Eltern und Kind bieten.

2. Der Hintergrund

Bevor wir uns nun ernsthaft mit der Frage befassen, wie wir ein Kind wirklich lieben und erziehen sollen, müssen wir uns zunächst mit den wesentlichen Voraussetzungen einer guten Kindererziehung befassen. Die erste und wichtigste dieser Voraussetzungen ist das Elternhaus. Wir können hier nur einige der wesentlichen Punkte berühren.

Die wichtigste Beziehung innerhalb der Familie ist die der Eltern zueinander. Sie hat Vorrang vor allen anderen, auch der Eltern-Kind-Beziehung. Denn sowohl die Bindung zwischen Eltern und Kind als auch das Sicherheitsgefühl des Kindes hängen in hohem Maße von der Qualität der Ehe ab. Daher ist es so wichtig, die beste nur mögliche Beziehung zwischen Mann und Frau zu schaffen, bevor wir ernsthaft versuchen, das Verhältnis zu unserem Kind positiver zu gestalten. Zusammenfassend können wir sagen: je besser unsere eigenen ehelichen Beziehungen sind, desto wirksamer und befriedigender ist die praktische Anwendung alles dessen, was im Verlaufe dieses Buches noch gesagt werden soll.

Zunächst müssen wir erkennen, daß zwischen kognitiver (d. h. vom Intellekt oder Verstand ausgehend) und emotionaler (d. h. vom Gefühl herrührend) Kommunikation ein Unterschied besteht. Menschen, die vorwiegend auf der Verstandesebene miteinander verkehren, befassen sich hauptsächlich mit Tatsachen. Sie reden gern über Themen wie Sport, Börse, Geld, Häuser, ihren Beruf usw. und halten den Gegenstand ihrer Unterhaltung aus dem emotionalen Bereich heraus. Im allgemeinen empfinden sie es als unangenehm, wenn sie sich mit Themen befassen sollen, bei denen sie ihre Gefühle zeigen müssen, und zwar speziell unangenehme Gefühle wie z. B. Zorn. Infolgedessen vermeiden sie Themen, die Liebe, Furcht oder Ärger berühren könnten. Deshalb fällt es diesen Menschen auch schwer, ihrem Ehepartner mit Wärme und Anteilnahme zu begegnen.

Andere Menschen verkehren mehr auf der Gefühlsebene miteinander. Sie werden einer Unterhaltung über bloße Tatsachen schnell müde und haben das Bedürfnis, Gefühle zu teilen, vor allem mit ihrem Ehepartner. Sie sind der Meinung, daß die Atmosphäre zwischen Mann und Frau soweit wie möglich von unangenehmen Gefühlen wie Spannung, Ärger oder Verstimmung frei sein sollte. Deshalb möchten sie natürlich über diese emotionellen Dinge sprechen, Konflikte mit dem Partner gemeinsam lösen, die Atmosphäre reinigen und das Zusammenleben erfreulich gestalten.

Natürlich ist kein Mensch rein kognitiv oder rein emotional. Wir befinden uns alle auf irgendeinem Punkt dieser einfachen Skala. Ein Mensch mit fast ausschließlich emotionaler Persönlichkeit und entsprechendem Verhalten würde auf der Skala ganz links einzuordnen sein, ein Mensch mit kognitivem Kommunikationsverhalten stünde dagegen ganz rechts. Zwischen diesen beiden Extremen haben wir alle unseren Platz. Wo ist Ihrer?

In welche Richtung der Skala tendieren Ihrer Meinung nach Männer bzw. Frauen? Sie vermuten richtig! Normalerweise sind Frauen im Umgang mit anderen Menschen, besonders ihrem Ehemann und ihrem Kind, eher gefühlsbetont. Männer dagegen sind sachlicher in ihrem Verhalten.

Ich vermute, jetzt finden Sie es erstrebenswerter, eher auf der rechten als auf der linken Seite der Skala zu erscheinen. Das wäre die heute vorherrschende Tendenz, aber sie ist falsch. Richtig dagegen ist, daß jeder Persönlichkeitstyp seine Vor- und Nachteile hat. Ein gefühlsbetonter Mensch auf der linken Seite der Skala ist nicht weniger klug bzw. intelligent. Dieser Mensch ist sich lediglich seiner Gefühle bewußt und kann normalerweise besser mit ihnen umgehen. Andererseits kann auch ein Mensch auf der rechten Seite der Skala, der seine Gefühle weniger zeigt, durchaus starke Gefühle haben, sie sind nur unterdrückt und verborgen. Dieser Mensch ist sich seiner Gefühle weniger bewußt, ja er erkennt sie oft überhaupt nicht.

Es ist eine bemerkenswerte Tatsache, daß der sogenannte kognitive Mensch auf der rechten Seite der Skala genauso von seinen Gefühlen gelenkt wird wie der sogenannte emotionale Mensch, nur daß er es selbst nicht merkt. So hat z. B. der strenge, förmliche Intellektuelle auch tiefe Gefühle, er wendet aber enorme Energien auf, damit sie verborgen bleiben und ihn nicht stören. Unglücklicherweise stören sie ihn aber doch. Jedesmal, wenn sich jemand – seine emotionale Frau oder sein Kind – warm und liebevoll an ihn wendet, ist er nicht nur unfähig, darauf zu reagieren, sondern es ärgert ihn sogar, daß sein kostbares Gleichgewicht gestört wird.

Die Aufgabe des Vaters

»Karl sorgt so gut für uns, und er ist überall so angesehen, daß ich immer ein schlechtes Gewissen ihm gegenüber habe«, erklärte mir Frau Mary Davis verwirrt. »Ich bin oft so wütend auf ihn, und dann habe ich Schuldgefühle und kann mich selbst nicht mehr ausstehen. Ich versuche immer wieder, mit ihm über unser gegenseitiges Verhältnis und über die Kinder zu sprechen; aber dann wird er ungemütlich, stur und schließlich wütend auf mich. Dann rege ich mich wiederum auf, werde böse und versuche, es ihm heimzuzahlen – ich werde sogar frigide und kann ihn nicht mehr lieben. Was soll ich bloß machen? Ich mache mir solche Sorgen um meine Ehe und die Kinder, aber ich kann mit meinem Mann nicht darüber reden. Wie kann unsere Ehe noch gerettet werden? Wir können ja nicht einmal mehr miteinander sprechen und unsere Gedanken und Gefühle austauschen.«

Das ist wieder die alte Geschichte. Herr Davis kennt sich in der Geschäftswelt aus, er weiß, was er zu tun hat, er ist erfolgreich. Karl fühlt sich wohl in einer Welt, in der Gefühle ausgespart und im allgemeinen nicht gebraucht werden. Er ist »kognitiv« im Umgang mit seinen Mitmenschen. Aber wie ist er zu Hause? Wie ein Fisch auf dem Trockenen! Er ist mit einer ganz normalen Frau mit ganz normalen weiblichen Bedürfnissen verheiratet. Mary braucht die Wärme und die Unterstützung ihres Mannes. Sie muß mit ihm ihre Sorgen, Ängste und Hoffnungen teilen können. Mary verhält sich emotional, sie braucht das Gefühl, daß ihr Mann willig die Verantwortung auch für die Familie übernimmt. Das sind ganz normale Erwartungen einer Frau, was nicht bedeuten soll, daß sie schwach oder überempfindlich ist bzw. nicht die Verantwortung für ihren eigenen Aufgabenbereich trägt. Ich möchte die wirklich glückliche Familie sehen, in der der Ehemann und Vater nicht auch einen Teil der Verantwortung übernommen hat! Eine Frau und Mutter hat ihre Pflichten, aber der Ehemann muß bereit sein, ihr dabei zu helfen und sie zu unterstützen. Ein Grund dafür, warum dies unumgänglich nötig ist: Einer Frau fällt es schwer, Liebe für ihren Mann aufzubringen, wenn sie nicht das Gefühl hat, daß er sie hundertprozentig auf allen Gebieten des Familienlebens unterstützt. Dasselbe trifft natürlich auch auf die Übernahme von Verantwortung gegenüber der Familie zu. Aber auch der Mann muß das Gefühl haben, daß seine Frau jederzeit bereit ist, ihm zu helfen und für ihn einzuspringen, wenn er Hilfe nötig hat.

Oder anders gesagt: Es ist schwer für eine Frau, sich sicher und geborgen zu fühlen, wenn sie alle Verantwortung allein zu tragen hat, weil ihr Mann seine Pflichten zu Hause einfach ignoriert. Ein typisches Beispiel: Eine Frau, die mich konsultierte, klagte darüber, daß sie sich bei ihrem Mann nicht mehr sicher und geborgen fühle und es ihr dementsprechend schwerfiele, ihm entgegenzukommen. Es kam heraus, daß ihr Mann alle häuslichen Pflichten vernachlässigt hatte und sie deshalb für alles selbst verantwortlich war, sogar für Haus und Finanzen. Solch ein Arrangement kann gut und schön sein, wenn Mann und Frau damit einverstanden und zufrieden sind; aber selbst dann muß ein Mann einsehen, daß er in Notfällen, d. h. wenn seine Frau überlastet ist, bereit sein muß, Pflichten und

Verantwortung zu übernehmen. Die Bereitschaft eines Ehemannes, für alle Fragen der Familie vollkommen offen zu sein, ist der größte Gewinn für Frau und Kind.

Eine Frau hat das wunderbare Talent, die Liebe, die sie von ihrem Mann empfängt, auf vielfältige Weise zu vermehren, so daß ihre Ausstrahlung auf ihn und die Kinder zurückfällt und das ganze Haus mit einer unbeschreiblichen Wärme füllt. Allerdings hat der Ehemann die Pflicht, diese Liebe zu wecken. Der Mann, der dieses Geheimnis entdeckt hat, ist zu beneiden. Die Liebe, die seine Frau im Austausch ihm schenkt, ist unschätzbar, meiner Meinung nach sogar das wertvollste Gut überhaupt. Es ist für einen Mann anfangs nicht leicht, Liebe hervorzurufen, aber wenn er wiederum die Liebe seiner Frau erfährt, merkt er, wie sie sich vervielfältigt. In dem Maße, in dem seine Liebe wächst, fällt sie ihm mit der Zeit immer leichter.

Eine Ausnahme von dieser Regel habe ich bisher noch nicht gefunden. Der Ehemann, der selbst die volle Verantwortung für seine Familie übernimmt und sich nicht schämt, die Initiative zu ergreifen und als erster seine Liebe Frau und Kinder spüren zu lassen, empfängt dafür einen unbeschreiblichen Lohn: eine liebende, verständnisvolle Frau, die ihm zur Seite steht und sich durch ihn aufs schönste entfaltet; zufriedene, in Geborgenheit aufwachsende Kinder, die sich aufs beste entwickeln. Ich persönlich habe nie eine solche Ehe zerbrechen sehen, und in allen mir bekannten gescheiterten Ehen fehlten diese Voraussetzungen. Väter, wir müssen die Initiative ergreifen!

Vielleicht fragen Sie sich jetzt: Wie kann ein Mann die Initiative und Verantwortung ergreifen, als erster seine Liebe die Familie spüren zu lassen, wenn er völlig kognitiv und ungeschickt in Gefühlsdingen reagiert, während seine Frau auf der Gefühlsebene viel geschickter ist? Da sind Sie, mein Freund, auf ein heute sehr häufiges, unbeachtetes und schwieriges Eheproblem gestoßen. Es ist deshalb so kompliziert, weil die meisten Männer, wie auch Karl, dieses Problem nicht wahrnehmen. Anstatt zu erkennen, wieviel Lebenskraft von dem Gefühlsleben seiner Frau und den Kindern ausgeht, hält er den Gefühlsbereich nur für unbequem und lästig und versucht, ihm aus dem Wege zu gehen. Natürlich ist das Resultat, wie wir es gerade zwischen Karl und Mary erlebt haben, Frustration, Verwirrung und der Zusammenbruch der gemeinsamen Kommunikation.

Heutzutage sollte jedem klar sein, wie entscheidend die Kommunikation für das Familienleben ist. An Karls und Marys Beziehung zueinander sieht man, wie die Kommunikation zum Erliegen kommt, wenn ein »kognitiver« Ehemann sich nicht auf der Gefühlsebene ausdrücken oder eine »emotionelle« Frau nicht ihre innersten Gedanken und Wünsche mitteilen kann. Welch ein Dilemma! Wir müssen als Ehemänner den Tatsachen ins Auge sehen: Es liegt doch klar auf der Hand, daß unsere Frauen viel kompetenter sind, wenn es sich um Liebe, Fürsorge und das Erkennen innerster Bedürfnisse bei uns und unseren Kindern handelt. Wir folgen doch gewöhnlich den Ratschlägen von Experten, nicht wahr? Deswegen sind wir Männer auch auf die Hilfe unserer Frauen angewiesen, wenn sich uns diese relativ fremde Welt der Gefühle erschließen soll.

Wir müssen als Ehemänner nicht nur bereit sein, die Führungsrolle unserer Frau in Gefühlsdingen anzuerkennen, wir müssen sie auch bei ihrer täglichen Aufgabe, im Hause eine emotionelle Atmosphäre zu schaffen, ermutigen und unterstützen. Wenn wir ihr dabei im Wege sind oder sie sogar daran hindern, entmutigen wir sie und nehmen ihr eventuell allen Schwung. Wie viele Ehefrauen habe ich schon in meiner Sprechstunde gehabt, deren Bemühungen um ein liebevolles Familienleben von ihren Männern durchkreuzt wurden. Diese Frauen hatten keinen Elan mehr und waren oft von Depressionen gelähmt.

Nehmen wir dagegen die Ehen, in denen der Mann die Gefühle seiner Frau und ihr Bedürfnis, sie mitzuteilen, bejaht. Er hört ihr nicht nur einfach zu, er lernt auch von ihr. Er erkennt, wie lohnend und im tiefsten Sinne befriedigend es sein kann, sich auf der emotionellen Ebene auszutauschen, ganz gleich, ob es sich um schöne oder um unangenehme Dinge handelt. Diese Ehe wächst über Jahre, Mann und Frau kommen sich immer näher und werden unersetzbar füreinander. Solch eine Ehe ist eines der größten Geschenke des Lebens.

Ist Liebe blind?

»Mein Mann liebt mich nicht mehr, er kritisiert mich nur immerzu«, klagte die hübsche Yvonne. Sie hatte mit ihrem Mann meine Eheberatung aufgesucht, sozusagen als letzte Rettung. Yvonne fuhr fort: »Kannst du denn nicht irgendwas Positives über mich sagen, John?« Zu meinem großen Erstaunen fiel John wirklich kein Kompliment für seine Frau ein. Yvonne war attraktiv, intelligent, talentiert und konnte reden, aber John schien nur ihre Fehler zu bemerken. Sie waren jetzt sechs Jahre verheiratet. Wie hatte es nun zu dieser Krise kommen können?

Wenn wir an die erstaunlich hohen Scheidungsraten denken, ist es schwer zu verstehen, daß eigentlich alle Ehen mit großen Hoffnungen und Erwartungen beginnen, voller Liebe und schöner Gefühle zwischen den Jungvermählten. Anfangs ist alles wunderbar und die Welt noch in Ordnung. Auch die Ehe von Yvonne und John hatte so angefangen. Wie konnte es zu dieser Veränderung in ihrer Beziehung kommen?

Ein Grund dafür ist die Unreife der Partner. Aber was ist Unreife? Unreife hat zwar etwas mit dem Alter zu tun, hängt aber nicht unbedingt davon ab. Wir können in diesem Zusammenhang Unreife definieren als die

Unfähigkeit, Ambivalenz bewußt zu tolerieren. Ambivalenz bedeutet ganz einfach, gegensätzliche oder widerstreitende Gefühle gegen ein und dieselbe Person zu hegen.

Das erklärt auch die Redensart: »Liebe ist blind.« Wenn wir uns verliebt haben oder in den ersten Ehewochen oder -monaten sind, halten wir den oder die Geliebte für perfekt und wollen kein unschönes Gefühl ihm oder ihr gegenüber aufkommen lassen. Deswegen unterdrücken bzw. leugnen oder übersehen wir alles, was uns an unserem Ehepartner stört. Zu diesem Zeitpunkt nehmen wir nur seine bzw. ihre guten Eigenschaften wahr. Wir sind blind gegenüber Tatsachen wie einer schlechten Figur oder nicht hübschem Äußeren, übermäßiger Geschwätzigkeit, Verschlossenheit, der Veranlagung dick oder dünn zu sein, Überschwenglichkeit, Introvertiertheit, Launenhaftigkeit, Unsportlichkeit oder dem fehlenden Sinn für Musik, Kunst, Nähen oder Kochen.

Dieses Nicht-wahrnehmen-wollen der negativen Seiten unseres Ehepartners funktioniert zuerst sehr gut. Aber beim Zusammenleben über Tage und Monate entdecken wir bei ihm immer wieder neue Seiten. Manche gefallen uns gut, andere wieder nicht so sehr, manche empfinden wir sogar als abstoßend. Aber solange wir die negativen Seiten in unser Unterbewußtsein verdrängen, halten wir unseren Partner weiter für nahezu perfekt, und alles ist in Ordnung.

Nun tritt das Problem auf: Wir können nicht ständig etwas verdrängen. Eines Tages kommt es zum Vorschein. Zu diesem Zeitpunkt sind wir vielleicht einige Tage oder schon einige Jahre verheiratet. Dieser Zeitpunkt ist abhängig 1. von unserer Fähigkeit, das Unangenehme zu verdrängen, zu übersehen oder zu ignorieren und 2. von dem Grad unserer Reife, unserer Fähigkeit also, bewußt mit zwiespältigen Gefühlen fertigzuwerden.

Wenn wir diesen Punkt erreicht haben, können wir die schlechten Seiten unseres Partners nicht länger vor uns selbst verheimlichen. Auf einmal türmen sich Tage, Wochen, Jahre mit unangenehmen Gefühlen gegen unseren Ehepartner vor uns auf. Viele gehen dann aufgrund ihrer Unreife (der Unfähigkeit, mit der Ambivalenz fertigzuwerden) noch einen Schritt weiter, sie unterdrücken die positiven Gefühle und betonen das Negative. Damit sehen sie ihren Ehepartner sozusagen seitenverkehrt, er scheint überwiegend schlechte Eigenschaften zu besitzen, während seine guten Seiten ganz in den Hintergrund treten.

So etwas kann sehr schnell geschehen. Noch vor zwei Monaten hatte John seine Yvonne für den Gipfel der Perfektion gehalten. Jetzt jedoch konnte er ihre Gegenwart kaum noch ertragen. Dabei war Yvonne genau dieselbe geblieben, nur sah John sie jetzt von einer völlig anderen Seite.

Wie können wir mit diesem gängigen Problem, das unsere soziale Struktur angreift, fertigwerden? Die Antwort darauf ist schnell gefunden, aber nur schwer zu realisieren. Zunächst einmal müssen wir erkennen, daß niemand perfekt ist. Obwohl wir diese Binsenweisheit täglich zu hören bekommen, will niemand sie wahrhaben. Indem wir seine schlechten Seiten verdrängen, wünschen und erwarten wir von unserem Partner Perfektion.

Zweitens müssen wir uns ständig die Vorzüge und die Verantwortlichkeiten des Ehepartners vor Augen halten. Ich selbst denke immer daran, daß ich manche Eigenschaften meiner Frau schätze und andere wiederum nicht – sie ist eben wie alle anderen Frauen auch. Es hat lange gedauert, bis es mir gelang, an ihre liebenswerten Seiten zu denken, wenn ich über sie enttäuscht war.

Drittens müssen wir lernen, unsere Ehepartner so zu akzeptieren wie sie sind, also auch mit ihren Fehlern. Die Wahrscheinlichkeit, durch Scheidung, eine zweite Ehe oder in einem Verhältnis einen besseren Partner zu finden, ist gering, besonders wenn man an die Schuldgefühle und andere Probleme denkt, die solch eine Handlungsweise unweigerlich begleiten. Wir sollten uns immer daran erinnern, daß unsere Frau bzw. unser Mann durch nichts und niemand zu ersetzen ist.

Bedingungslose Liebe

»Die Liebe ist langmütig und freundlich, die Liebe eifert nicht, die Liebe treibt nicht Mutwillen, sie blähet sich nicht. Sie stellet sich nicht ungebärdig, sie suchet nicht das ihre, sie läßt sich nicht erbittern, sie trachtet nicht nach Schaden. Sie freuet sich nicht der Ungerechtigkeit, sie freuet sich aber der Wahrheit. Sie verträgt alles, sie glaubet alles, sie hoffet alles, sie duldet alles« (1.Kor. 13, 4–7).*

Diese klare Aussage beschreibt das Fundament aller Liebesbeziehungen. Wir wollen dieses Geheimnis »bedingungslose Liebe« nennen, Liebe, die nicht von solchen Äußerlichkeiten wie ehelicher Pflichterfüllung, Alter, Gewicht, Fehler des anderen usw. abhängt. Diese Liebe sagt: Ich liebe meine Frau, ganz gleich was kommt, ganz gleich was sie tut, wie sie aussieht oder was sie sagt; ich werde sie immer lieben. Bedingungslose Liebe ist ein Ideal, das wir nie vollständig erreichen werden, aber je näher wir diesem Ideal kommen, desto vollkommener wird meine Frau durch die Gnade dessen, der uns alle so sehr liebt. Und je mehr er sie nach seinem Bild verändert, desto mehr wird sie mir gefallen, und ich werde zufrieden und glücklich sein durch sie.

Dies ist nun das Ende unserer Diskussion über die Ehe schlechthin. Wir haben nur wenige Punkte angesprochen, aber es gibt ja viele sehr gute Bü-

* Lutherbibel

cher zu diesem Thema. Deswegen wollen wir jetzt zu unserem eigentlichen Vorhaben kommen: Wir wollen lernen, wie wir unser Kind lieben sollen.

Wenn wir jetzt die Welt des Kindes erforschen, sollten wir uns immer daran erinnern, daß die eheliche Gemeinschaft fraglos das wichtigste Band der Familie darstellt. Sie hinterläßt auf das Kind einen Eindruck fürs Leben.

Hier ein Beispiel aus meinen Erfahrungen, das diese These besonders deutlich belegt: Vor einigen Monaten kam ein christliches Elternpaar in meine Sprechstunde. Sie brachten ihre 15jährige Tochter Jennifer zu mir, weil sie aufgrund einer sexuellen Entgleisung jetzt schwanger war. Das Mädchen war bildhübsch, liebenswürdig und vielseitig begabt. Überdies hatte Jennifer ein sehr gutes Verhältnis zu ihrem Vater – was heutzutage selten ist –, auch das Verhältnis zu ihrer Mutter schien in Ordnung zu sein. Zuerst war ich sehr verwundert darüber, daß sich Jennifer überhaupt auf sexuelle Beziehungen eingelassen hatte, denn für den Jungen, der der Vater ihres Kindes war, hatte sie so gut wie gar kein Interesse. Sie gehörte auch nicht zu der Sorte Mädchen, die die Blicke der Männer auf sich lenken wollen. Jennifer war immer ein wohlerzogenes, gehorsames Kind gewesen, das es seinen Eltern nicht schwer gemacht hatte. Warum dann jetzt so etwas? Ich war verblüfft.

Dann sah ich mir die Eltern an, zuerst gemeinsam, dann jeden für sich. Sie vermuten richtig: Jennifers Eltern hatten Eheschwierigkeiten, die sie aber vor ihrer Umwelt versteckt hielten. Obwohl diese Streitigkeiten schon lange existierten, funktionierte das Familienleben jahrelang relativ gut. Jennifer hatte dabei immer eine besonders enge Bindung an ihren Vater gehabt. Als das Mädchen älter wurde, wurde die Mutter immer eifersüchtiger auf diese Beziehung. Davon abgesehen verstand sie sich aber auch recht gut mit Jennifer.

Dann kam Jennifer in die Pubertät. Im selben Maß, wie ihr Körper sich entwickelte, nahm auch die Eifersucht ihrer Mutter zu. Durch die verschiedenen Formen der nichtverbalen Kommunikation – zu der wir später noch kommen werden – ließ die Mutter Jennifer eine deutliche Nachricht zukommen. Diese Nachricht besagte, daß Jennifer jetzt eine Frau sei, die sich von jetzt an selber um ihre emotionellen Bedürfnisse zu kümmern habe, insbesondere was die Beachtung durch die Männer betrifft. Wie viele Mädchen ihres Alters versuchte auch Jennifer, die Liebe ihres Vaters durch die Aufmerksamkeit gleichaltriger Freunde zu ersetzen. Jennifer handelte genau nach den unbewußten, nicht ausgesprochenen Befehlen ihrer Mutter.

Jennifers Mutter war sich über ihre eigene unglückliche Ehe im klaren, deren Resultat eine sexuelle Leere war. Sie nahm auch die enge Beziehung zwischen Jennifer und ihrem Vater wahr. Ihr war jedoch nicht bewußt, daß sie auf Jennifer sehr eifersüchtig war und ihre Tochter zu sexuellen Handlungen anregte.

In Fällen wie diesem ist es nutzlos und kann sogar großen Schaden anrichten, wenn man die Personen mit ihren Fehlern konfrontiert, in diesem Fall die Mutter. Obgleich oberflächlich gesehen der Anlaß im Verhalten des Kindes lag, war das eigentliche Problem die eheliche Partnerbeziehung. Um dieser Familie auf möglichst wirkungsvolle und einfühlsame Weise zu helfen, muß der Therapeut den Eltern bei ihren Eheschwierigkeiten helfen und darf sich nicht auf das Finden und Verurteilen von Fehlern konzentrieren. Er muß auch auf Gottes Vergebung hinweisen, wenn er Befreiung von echter Schuld anbieten will. Erst wenn die Partnerbeziehung wieder heil und frei von Schuld ist, kann dieses belastete Mutter-Kind-Verhältnis gebessert werden.

Dieser Fall soll verdeutlichen, wie wichtig die Harmonie in der Ehe für ein Kind ist. Je stärker und gesünder unsere eheliche Partnerbeziehung ist, desto weniger Probleme werden wir als Eltern haben. Und desto nützlicher wird dieses Buch für denjenigen sein, der das hier vermittelte Wissen praktisch anwendet.

Wenden wir uns jetzt der zweitwichtigsten Beziehung in der Familie zu.

3. Das Fundament

Wahre Liebe ist Liebe ohne Bedingungen, die in allen Liebesbeziehungen sichtbar werden sollte (Kor. 13, 4–7). Das Fundament einer soliden Beziehung zu unserem Kind heißt bedingungslose Liebe. Nur eine solch liebevolle Beziehung kann einem Kind zur vollen Entfaltung seiner Anlagen verhelfen. Und nur auf dem Fundament bedingungsloser Liebe stehend können wir solch problematischen Gefühlen wie Groll, Schuld, Furcht, Unsicherheit und Angst, nicht geliebt zu werden, vorbeugen.

Nur wenn die Basis der Beziehung zu unserem Kind bedingungslose Liebe ist, können wir gewiß sein, unser Kind richtig zu erziehen. Ohne diese Basis ist es nicht möglich, ein Kind in seinem Verhalten zu verstehen oder mit seinen Ungezogenheiten auf richtige Weise fertigzuwerden.

Wir können die bedingungslose Liebe als den Leitstern der Kindererziehung ansehen. Ohne ihn wären wir Eltern hilflos im Dunkeln, und es fehlten uns sämtliche Hinweise, wo wir in Bezug auf unser Kind ständen und was wir tun sollten. Dieser Leitstern zeigt uns, wo wir uns befinden, wo unser Kind ist und was wir auf den verschiedenen Gebieten der Kindererziehung einschließlich der Disziplin tun müssen. Nur durch dieses Fundament haben wir einen Eckstein, auf dem wir unseren Plan, wie wir unser Kind leiten und seine täglichen Bedürfnisse befriedigen sollen, aufbauen können. Ohne das Fundament der bedingungslosen Liebe ist Elternschaft eine ungewisse und frustrierende Last.

Was bedeutet bedingungslose Liebe? Bedingungslose Liebe heißt, sein Kind lieben in jedem Fall – ganz gleich wie das Kind aussieht, gleich welche Vorzüge, Schwierigkeiten oder Schwächen es hat, ganz gleich, ob es unsere Erwartungen erfüllt, und das Schwerste, ganz gleich was es tut. Das soll natürlich nicht heißen, daß wir mit seinem Benehmen immer und überall einverstanden sind. Bedingungslose Liebe bedeutet: wir lieben unser Kind, auch wenn wir sein Verhalten mißbilligen.

Wie wir schon im vorigen Kapitel bei den Beziehungen der Ehepartner zueinander erwähnten, stelle die bedingungslose Liebe ein Ideal dar, das wir wohl nie hundertprozentig erreichen werden. Aber, ich muß das noch einmal betonen, je näher wir diesem Ideal kommen, desto zufriedener werden wir als Eltern und desto zufriedener, ausgeglichener und glücklicher wird unser Kind.

Ich wünschte wirklich, ich könnte sagen: »Ich liebe meine Kinder jederzeit, ganz gleich was passiert und ganz gleich was sie anstellen«. Aber wie alle anderen Eltern kann ich das leider auch nicht. Ich bemühe mich jedoch, diesem wunderbaren Ziel, meine Kinder bedingungslos zu lieben, näherzukommen, indem ich mich ständig daran erinnere,

1. daß sie Kinder sind
2. daß sie sich dementsprechend verhalten
3. daß uns ihr kindisches Betragen oft auf die Nerven fällt
4. daß sie, wenn wir sie trotz ihrer Albernheiten lieben, reifer werden und ihr kindisches Betragen ablegen
5. daß, wenn ich sie nur dann liebe und ihnen das auch zeige, wenn ich mit ihnen zufrieden bin, sie nicht das Gefühl haben, wahrhaft geliebt zu werden. Solch ein Verhalten meinerseits würde sie verunsichern, ihr Selbstgefühl zerstören und sie sogar daran hindern, bessere Selbstkontrolle und reiferes Betragen an den Tag zu legen. Daher bin ich ebenso wie meine Kinder selbst für ihr Benehmen und dessen weitere positive Entwicklung verantwortlich
6. daß, wenn ich sie bedingungslos liebe, sie sich wohlfühlen und ihr Selbstwertgefühl steigt. Das versetzt sie in die Lage, ihre Angst und, wenn sie in die Pubertät kommen, ihr Benehmen selbst zu kontrollieren
7. daß, wenn ich sie nur dann liebe, wenn sie meinen Wünschen und Erwartungen entsprechen, sie bei einem Fehlschlag das Gefühl haben, unfähig zu sein. Sie werden am Sinn ihrer Bemühungen zweifeln, weil sie ihr Ziel nicht erreichen. Unsicherheit, Angst und Zweifel an sich selbst werden sie quälen und für ihre Gefühls- und Verhaltensentwicklung einen ständigen Hinderungsgrund bilden. Noch einmal, ich bin für ihre gesamte Entwicklung genauso verantwortlich wie sie selbst
8. daß ich für mich als unsicheren Vater und für meine Söhne und Töchter um die Fähigkeit zu bedingungsloser Liebe bete. Die Zukunft meiner Kinder ruht auf diesem Fundament.

Das Kind und seine Gefühle

Erinnern wir uns an die Zeichnung in Kapitel 2. Wo würden Ihrer Meinung nach die Kinder ihren Platz haben? Sie haben recht, ganz links auf der Skala. Ein Kind kommt mit einem erstaunlichen emotionellen Gespür auf die Welt, es reagiert sehr stark auf die Gefühle seiner Mutter. Es ist wunderschön zu beobachten, wie ein Neugeborenes zum ersten Mal zu seiner Mutter gebracht wird, die sich auf das Kind freut. Das Kind schmiegt sich dann mit ganz offensichtlicher Befriedigung fest an die Mutter.

Beobachten wir dagegen ein Kind, das von seiner Mutter abgelehnt wird. Solch ein armes Kind ist unzufrieden, trinkt schlecht, schreit viel und ist offensichtlich unglücklich. Man kann so etwas häufig bei Babys beobachten, deren Mütter deprimiert sind und Sorgen haben, auch wenn für uns oberflächlich gesehen keine Unterschiede in der Behandlung der Kinder festzustellen sind.

Es ist also sehr wichtig zu beachten, daß Kinder schon von Geburt an außerordentlich sensitiv sind. Da sie ja noch kein eigenes Wissen besitzen, verkehren sie mit ihrer Umwelt vorwiegend auf der Gefühlsebene. Das ist von entscheidender Bedeutung. Die ersten Eindrücke von der Außenwelt nimmt ein Kind gefühlsmäßig auf. Das ist wunderbar, aber gleichzeitig erschreckend, wenn wir uns die Wichtigkeit dieser Eindrücke klarmachen. Von dem gefühlsmäßigen Wohlbefinden eines Kindes hängt sein späteres Bild von der Welt, von seinen Eltern, seinem Zuhause und von sich selbst ab.

Diese Eindrücke bilden die Grundlage für seine weitere Entwicklung. Wenn z. B. ein Kind seine Umwelt als ablehnend, lieblos, hart und feindlich empfindet, dann wird sich die Angst – für meine Begriffe der größte Feind eines Kindes – auf seine Sprache und sein Benehmen sowie seine Kontaktversuche und die Lernfähigkeit hinderlich auswirken. Der Grund dafür ist, daß ein Kind nicht nur sehr sensibel, sondern auch sehr leicht zu verletzen ist.

In fast jeder mir bekannten Untersuchung über Kinder wird darauf hingewiesen, daß ein Kind immer wieder seine Eltern fragt: »Habt ihr mich lieb?« Ein Kind drückt diese emotionelle Frage vorwiegend durch sein Verhalten und nur selten durch Worte aus. Die Beantwortung dieser Frage ist aber für ein Kind von allerhöchster Wichtigkeit.

»Hast du mich lieb?« Wenn wir unser Kind bedingungslos lieben, fühlt es, daß die Antwort »ja« heißt. Lieben wir unser Kind nur bedingt, wird es unsicher und neigt zur Ängstlichkeit. So bedeutsam ist die Antwort, die wir unserem Kind auf diese wichtigste aller Fragen geben, daß sie über seine Grundhaltung dem Leben gegenüber entscheidet.

Im allgemeinen drückt ein Kind diese Frage durch sein Verhalten aus, und wir antworten ihm auf dieselbe Weise, also nicht nur mit dem, was wir sagen, sondern mit dem, was wir tun. Durch sein Verhalten teilt uns ein Kind seine Bedürfnisse mit, ob es mehr Liebe braucht, mehr Disziplin, mehr Zuwendung oder mehr Verständnis. – Später werden wir uns mit diesen Punkten im einzelnen befassen, konzentrieren wir uns jetzt ausschließlich auf das Fundament der bedingungslosen Liebe.

Durch unser eigenes Verhalten kommen wir den Urbedürfnissen unseres Kindes entgegen. Dies gelingt aber nur, wenn unsere Beziehung zu ihm auf bedingungsloser Liebe gegründet ist. Ich hoffe, der Ausdruck »durch unser Verhalten« ist Ihnen aufgefallen. Wir mögen zwar eine starke Liebe für unser Kind im Herzen spüren, das allein aber reicht nicht aus. Nur durch unser Verhalten merkt ein Kind, ob wir es lieben, und nur durch das, was wir tun und sagen, teilen wir ihm unsere Liebe mit; dabei hat das, was wir tun, das größere Gewicht. Ein Kind wird weit stärker durch unsere Handlungen geprägt als durch unsere Worte. Auch das wollen wir hier bald lernen.

Ein anderer wichtiger und für uns neuer Begriff ist der »emotionelle Tank«, den ein jedes Kind hat. Natürlich ist »Tank« nur sinnbildlich gemeint, aber er macht das Problem sehr anschaulich. Jedes Kind braucht ein bestimmtes Maß an emotioneller Zuwendung, und ob dieser Bedarf an Liebe, Verständnis oder Disziplin befriedigt wird, ist für vieles entscheidend: wie sich z. B. ein Kind fühlt, ob es zufrieden, böse, traurig oder vergnügt ist. Diese emotionellen Bedürfnisse beeinflussen auch sein Verhalten, ob es gehorsam oder ungehorsam, quengelig, frech, verspielt oder verschlossen ist. Das bedeutet, je voller dieser »Tank« ist, desto glücklicher ist ein Kind und desto besser ist sein Benehmen.

An dieser Stelle möchte ich eine der wichtigsten Aussagen dieses Buches machen: Nur wenn der »emotionelle Tank« gefüllt ist, kann man von einem Kind erwarten, daß es in jeder Hinsicht sein Bestes gibt. Wer ist nun dafür verantwortlich, daß dieser Tank immer gefüllt ist? Sie vermuten richtig, die Eltern. Am Verhalten eines Kindes kann man den Stand des »emotionellen Tanks« ablesen. Später werden wir hören, wie dieser Tank gefüllt werden muß, jetzt halten wir fest: dieser Tank muß immer voll sein, und nur wir Eltern können ihn füllen. Nur dann, wenn der Tank voll ist, kann ein Kind wirklich glücklich sein, seine Möglichkeiten ganz ausschöpfen und entsprechend auf Disziplin reagieren. Gott, hilf mir, daß ich die Bedürfnisse meines Kindes erkenne, so wie du die meinen. »Mein Gott aber wird all euer Bedürfnis nach seinem Reichtum in Herrlichkeit erfüllen.« (Phil. 4, 19)*

Kinder sind wie ein Spiegel

Kinder sind wie Spiegel, sie reflektieren die Liebe, aber sie wecken sie nicht von sich aus. Die Liebe, die ihnen geschenkt wird, geben sie zurück, aber wenn sie keine Liebe empfangen, können sie auch nichts zurückgeben. Bedingungslose Liebe erwidern sie ohne Bedingungen, während an Bedingungen geknüpfte Liebe nur bedingt zurückgegeben wird.

Die Beziehung zwischen Fred und seinen Eltern ist beispielhaft für ein von bedingter Liebe bestimmtes Eltern-Kind-Verhältnis. Je älter Fred wurde, desto mehr sehnte er sich nach einem warmen, engen Verhältnis zu seinen Eltern. Unglücklicherweise hatten seine Eltern das Gefühl, sie müßten ihn zu immer größeren Leistungen anspornen. Lob, Wärme und Zärtlichkeit wurden ihm bis auf die Male vorenthalten, bei denen seine Eltern ganz besonders stolz auf ihn waren. Sonst behandelten sie ihn

* Zürcher Bibel

streng, denn sie vertraten die Meinung, daß zuviel Lob und offene Zuneigung ihn verwöhnen und seinen Elan dämpfen könnte. Sie zeigten Fred ihre Liebe deshalb nur dann, wenn er sich besonders angestrengt hatte. Diese Methode ließ sich solange anwenden, wie Fred klein war. Als er aber größer wurde, hatte er das Gefühl, daß ihn seine Eltern nicht wirklich und um seiner selbst willen liebten und anerkannten, sondern daß ihnen im Grunde nur ihre eigenen Maßstäbe wichtig waren.

Als Fred ein Teenager geworden war, ähnelte seine Liebe stark der seiner Eltern zu ihm. Er hatte gelernt, wie man Liebe an Bedingungen knüpft. Nur dann, wenn seine Eltern ihm etwas zu Gefallen taten, benahm er sich ihren Wünschen gemäß. Selbstverständlich konnten weder Fred noch seine Eltern ihre Liebe den anderen fühlen lassen, da sich ja beide Seiten gleich verhielten und jeder vom anderen etwas Positives erwartete. In einer solchen Situation nimmt die Enttäuschung und Verunsicherung jedes einzelnen mehr und mehr zu. Erst als Depressionen, Ärger und Verstimmungen einsetzten, fühlten sich Freds Eltern gemüßigt, Hilfe zu suchen.

Was würden Sie in solch einer Situation tun? Würden Sie die Eltern auf die ihnen zustehenden Rechte wie Respekt, Gehorsam usw. hinweisen? Würden Sie Fred wegen seines schlechten Benehmens gegen seine Eltern kritisieren und ihn daran erinnern, daß er Vater und Mutter ehren soll? Würden Sie vielleicht sogar eine strenge Bestrafung Freds gutheißen? Denken Sie einmal darüber nach.

Viele Kinder fühlen sich heutzutage nicht wirklich von ihren Eltern geliebt. Ich selbst habe jedoch nur wenige Eltern getroffen, die ihre Kinder nicht von Herzen lieb hatten. Hier handelt es sich nicht um irgendein akademisches Problem, über das wir nachdenken und anschließend »schrecklich!« sagen. Dies ist eine alarmierende Situation! Überall gewinnen religiöse Sekten und fragwürdige Organisationen junge Leute zu Tausenden. Wie können sie diese Jugendlichen so leicht einer Gehirnwäsche unterziehen, sie gegen Elternhaus und Staat aufhetzen und sie anschließend mit bizarren Doktrinen beherrschen? Der Hauptgrund dafür liegt darin, daß diese jungen Leute nie das Gefühl hatten, von ihren Eltern wirklich geliebt und ernst genommen zu werden. Ihre Eltern schienen ihnen irgend etwas vorzuenthalten, aber was? Es ist die bedingungslose Liebe. Wenn man bedenkt, wie wenige Kinder das Gefühl kennen, wirklich geliebt und anerkannt zu werden, ist es nicht verwunderlich, welche Anziehungskraft diese Gruppen ausüben.

Wie ist es zu dieser schrecklichen Situation gekommen? Meiner Meinung nach sollte man nicht grundsätzlich alle Schuld bei den Eltern suchen. Jedesmal, wenn ich mit Eltern spreche, stelle ich dankbar fest, daß sie ihre Kinder nicht nur lieben, sondern auch wirklich daran interessiert sind, ihnen zu helfen. Das eigentliche Problem ist immer das gleiche, daß nämlich die Eltern nicht wissen, wie sie ihren Kindern zeigen sollen, daß sie sie lieben.

Ich bin kein Pessimist. Durch meine vielen Vorträge überall im Lande bin ich voller Zuversicht, daß die heutigen Eltern nicht nur zuhören, sondern auch bereit sind, Zeit und Mühe zum Wohle ihrer Kinder aufzuwenden. Viele haben ein neues Verhältnis zu ihren Kindern gewonnen, das auf dem biblischen Anspruch der bedingungslosen Liebe begründet ist. Sie haben entdeckt, daß der »emotionelle Tank« ihrer Kinder zum ersten Mal gefüllt war, nachdem sie dieses neue Verhältnis hergestellt hatten. Erst durch diese enge Beziehung erreicht Elternschaft ihre Erfüllung und wird aufregend und lohnend; denn diese glücklichen Eltern haben den Leitfaden gefunden, nach dem sie ihre Kinder führen und erziehen können.

Wie können wir Liebe weitergeben?

Wir wollen jetzt überlegen, wie wir unsere Liebe an unser Kind weitergeben können. Sie erinnern sich, daß Kinder sehr emotionell sind und gefühlsmäßig reagieren. Außerdem drücken Kinder ihre Gefühle uns gegenüber oft durch ihr Benehmen aus, und je jünger sie sind, desto häufiger tun sie das. Man kann sehr leicht durch Beobachtung die Gefühle und Stimmungen eines Kindes erkennen. Genauso haben Kinder die Fähigkeit, unsere Gefühle aus unserem Verhalten abzulesen, eine Fähigkeit, die meistens mit den Jahren verloren geht.

Sehr oft z. B. hat mich meine 16jährige Tochter gefragt: »Warum bist du wütend, Vati?«, und ich war mir in dem Moment nicht einmal einer besonderen Stimmung bewußt. Aber wenn ich jetzt darüber nachdenke, hatte sie immer absolut recht.

So sind Kinder. Sie haben ein feines Gespür dafür, unsere Stimmungen allein aus unserem Verhalten zu lesen. Wenn sie also erfahren sollen, wie wir für sie empfinden und daß wir sie lieben, dann müssen wir es in unserem Verhalten ihnen gegenüber ausdrücken. »Meine Kinder, lasset uns nicht lieben mit Worten, noch mit der Zunge, sondern mit der Tat und mit der Wahrheit« (1. Joh. 3, 18).*

Ein Ziel dieses Buches soll sein, Eltern zu zeigen, wie sie ihre Liebe in Handlung umsetzen können. Nur so können sie ihre Liebe an ihr Kind weitergeben, damit es sich geliebt, vollständig anerkannt und respektiert fühlt und wiederum fähig ist, sich selbst zu bejahen und zu respektieren. Und nur so können Eltern ihre Kinder dazu befähigen, andere bedingungslos zu lieben, vor allem ihre späteren Ehepartner und Kinder.

* Lutherbibel

Bevor wir uns nun mit der Frage beschäftigen, wie wir unser Kind lieben sollen, müssen wir eines klarstellen: Wir gehen hier von der Voraussetzung aus, daß Eltern ihr Kind tatsächlich lieben, das heißt wir unterstellen, daß sie willens sind, das zu praktizieren, was sie in diesem Buch lernen. Es besteht ja ein Unterschied zwischen einem vagen warmen Gefühl für ein Kind und einer Liebe, die zum Besten des Kindes alles opfern würde. Es wäre sinnlos, dieses Buch weiterzulesen, wenn Sie nicht ernsthaft gewillt sind, über seine Aussage nachzudenken und sie in Praxis umzusetzen. Man kann das Buch auch nur oberflächlich lesen und dann seine Aussage als simplifizierend und unrealistisch abtun.

Die Art und Weise, wie wir Liebe an unser Kind weitergeben, können wir grob in vier verschiedene Gruppen unterteilen: Augen- oder Blickkontakt, körperlichen Kontakt, konzentrierte Aufmerksamkeit und Disziplin. Jede dieser Gruppen ist gleich wichtig. Viele Eltern und Fachleute konzentrieren sich auf eine oder zwei dieser Gruppen und vernachlässigen darüber die anderen. Heute wird allgemein die Disziplin überbetont, während alle übrigen Formen der Zuneigung in den Hintergrund treten. Ich weiß von vielen Kindern aus christlichen Familien, die zwar gut erzogen wurden, sich aber nicht geliebt fühlten. In vielen solchen Fällen haben die Eltern unglücklicherweise Disziplin mit Strafe verwechselt, als ob es sich dabei um zwei Synonyme handelte. Das ist durchaus verständlich, wenn man Bücher und Artikel zu diesem Thema liest und entsprechende Seminare besucht. So habe ich wiederholt gehört und gelesen, wie Fachleute Eltern den Rat gaben, den Stock zu benutzen und ihr Kind zu schlagen. Sie erwähnten jedoch nie, daß ein Kind auch Liebe braucht. Unerwähnt blieb auch, wie man seinem Kind helfen kann, mit sich selbst, seinen Eltern und seiner Umwelt im Einklang zu leben, und wie man ein Kind wirklich glücklich machen kann.

Täglich begegne ich den Resultaten dieser Art von Kindererziehung. Solange sie klein sind, sind diese Kinder meistens sehr wohlerzogen, aber auch besonders still, etwas mürrisch und in sich gekehrt. Ihnen fehlt die Spontaneität, Neugier und kindliche Ausgelassenheit eines mit Liebe aufgezogenen Kindes. In der Pubertät treten dann aber häufig Probleme auf, weil diesen Kindern die starke, gefühlsmäßige Bindung an ihre Eltern fehlt.

Deshalb müssen wir Eltern allen vier Arten, unser Kind zu lieben, die gleiche Bedeutung beimessen. Besprechen wir also die erste Möglichkeit der Zuwendung, den Blickkontakt.

4. Wie sollen wir unser Kind lieben?

Augen- bzw. Blickkontakt

Wenn wir eine liebevolle Beziehung zu unserem Kind herstellen wollen, erscheint uns der Augenkontakt im ersten Moment verhältnismäßig unwichtig. Wenn wir uns aber mit Kindern bzw. dem Eltern-Kind-Verhältnis beschäftigen oder einschlägige Untersuchungen studieren, wird uns klar, wie wesentlich der Augenkontakt ist. Er fördert nicht nur die Kommunikation mit dem Kind, sondern trägt auch zur Erfüllung seiner emotionellen Bedürfnisse bei. Ohne daß wir es selbst merken, ist der Augenkontakt das wichtigste Mittel, unser Kind unsere Liebe spüren zu lassen. Ein Kind braucht den Blickkontakt mit seinen Eltern, um emotionell versorgt zu sein. Je häufiger Eltern ihre Liebe durch Blickkontakt ausdrükken, umso zufriedener wird ein Kind sein und umso voller ist sein emotioneller Tank.

Was ist eigentlich Blickkontakt? Blickkontakt bedeutet, dem anderen direkt in die Augen sehen. Die meisten Menschen wissen gar nicht, wie wichtig das ist! Haben Sie schon einmal versucht, eine Unterhaltung mit jemandem zu führen, der ständig in eine andere Richtung sieht? Das ist sehr schwierig. Auch unsere Gefühle zu diesem Menschen werden dadurch stark beeinflußt, denn wir schätzen normalerweise eher jemanden, dem wir bei einer Unterhaltung in die Augen sehen können. Blickkontakt ist dann besonders erfreulich, wenn er von freundlichen Worten und vielleicht auch einem Lächeln begleitet wird.

Ohne es selbst zu merken, benutzen Eltern manchmal den Augenkontakt, um ihrem Kind andere Botschaften zukommen zu lassen, z. B. üben sie liebevollen Blickkontakt nur unter bestimmten Bedingungen aus, wenn ein Kind z. B. etwas besonders gut gemacht hat und die Eltern stolz auf ihr Kind sind. Das Kind fühlt sich dann nur bedingt geliebt. Wie schon im letzten Kapitel erwähnt, kann sich ein Kind unter solchen Bedingungen nicht voll entfalten und entwickeln. Wenn wir unser Kind wahrhaft lieben, müssen wir ihm den notwendigen Blickkontakt schenken, andernfalls empfängt es die falsche Botschaft und fühlt sich nicht wirklich und bedingungslos geliebt.

Es wird für Eltern leicht zur schlechten Gewohnheit, nur dann mit ihrem Kind in Blickkontakt zu treten, wenn sie ihm gegenüber energisch werden. Ein Kind ist dann nämlich besonders aufmerksam, wenn wir ihm direkt in die Augen sehen. Wir können das ausnutzen, um ihm irgendwelche Befehle zu geben oder um es zu tadeln oder zu kritisieren. Darin liegt der Fehler! Den Augenkontakt vorwiegend negativ zu gebrauchen, wird zwar, solange das Kind klein ist, zu guten Resultaten führen, aber das Kind ist nur aus Angst brav und artig. Sobald es älter wird, weicht die Angst der Verärgerung, der Verstimmung und der Depression. Erinnern wir uns: Der Augenkontakt ist eine der Hauptquellen gefühlsmäßiger Zuwendung. Wenn nun Eltern diese wichtige Möglichkeit für negative Äußerungen mißbrauchen, wird das Kind mit der Zeit eine negative Einstellung zu den Eltern entwickeln. Lesen wir noch einmal Freds Aussage; sie sagt uns dasselbe.

Wenn seine Eltern das doch früher gewußt hätten! Obwohl sie Fred liebten, war es ihnen nicht aufgefallen, daß sie ihm selten in die Augen sahen, und wenn sie es taten, dann nur zu dem Zweck, ihm Befehle zu geben oder ihn zur Ordnung zu rufen. Fred ahnte zwar, daß seine Eltern ihn liebten; weil sie den Blickkontakt aber nur zur Kritik nutzten, war er sich nie ganz im klaren über ihre wirklichen Gefühle, sondern immer etwas unsicher. Erinnern wir uns an seinen Ausspruch: »Niemand mag mich, nur meine Freunde«, und als ich fragte: »Niemand?«, antwortete er: »Vielleicht meine Eltern. Das weiß ich nicht genau.« Fred weiß, daß er eigentlich das Gefühl haben müßte, geliebt zu werden, aber er hat es nicht.

Noch schlimmere Folgen hat die Gewohnheit mancher Eltern, den Augenkontakt zu vermeiden, um das Kind zu strafen. Das ist grausam, und doch bestrafen wir oft unseren Ehepartner damit, nicht wahr? Bewußt einem Kind den Blickkontakt zu verweigern, ist im allgemeinen noch schmerzhafter als körperliche Züchtigung. Es kann vernichtend auf ein Kind wirken und eines der Erlebnisse in seinem Leben sein, die es nie vergißt.

Es gibt zwischen Eltern und Kind Ereignisse, die einen lebenslangen Eindruck hinterlassen und die beide niemals vergessen werden. Der bewußte Entzug des Augenkontakts als Ausdruck des Mißfallens kann für ein Kind solch ein Ereignis sein, auf jeden Fall ist es ein Beispiel für bedingte Liebe. Weise Eltern werden alles tun, um solche Schockerlebnisse bei ihrem Kind zu vermeiden.

Unsere Liebe sollte nicht von unserer Freude oder unserem Mißfallen abhängen, sondern sie sollte beständig und in jeder erdenklichen Situation für unser Kind sichtbar sein. Ungezogenheiten können wir auf andere Weise bekämpfen, ohne daß beim Kind Zweifel an unserer Liebe aufkommen müssen. Später werden wir auch noch auf Formen der Disziplin zu sprechen kommen, durch die das liebevolle Verhältnis zu unserem Kind nicht gestört wird. Zunächst muß uns aber klar sein, daß wir den Augenkontakt als ständig Liebe spendende Quelle verwenden sollten und nicht als bloßes Disziplinierungsmittel.

Wir alle wissen, daß Kinder durch den Nachahmungstrieb lernen, d. h. sie nehmen sich uns zum Vorbild. Auf die gleiche Weise lernen sie die Kunst des Blickkontakts und ihre Anwendung. Wenn wir mit unserem Kind in ständigem liebevollem Blickkontakt stehen, wird es ihn auch positiv anwenden. Mißbrauchen wir ihn dagegen, um unserem Ärger Ausdruck zu geben, wird unser Kind dasselbe tun.

Kennen Sie ein unangenehmes oder gar unausstehliches Kind? Wahrscheinlich sieht es Sie nur bei der ersten Begegnung kurz an und später höchstens dann, wenn Sie etwas besonders Interessantes machen. Ansonsten wird es jedoch versuchen, Sie zu ignorieren. Solch flüchtiger Blickkontakt ist ärgerlich und unangenehm. Wenn Sie jetzt den Blickkontakt des Kindes mit dem seiner Eltern vergleichen, werden Sie häufig eine starke Ähnlichkeit feststellen.

Nun stellen Sie sich einmal die Nachteile vor, die dieses Kind hat und ein Leben lang haben wird. Wie schwer wird es für dieses Kind sein, Freundschaften und andere enge Beziehungen zu entwickeln! Bei Gleichaltrigen wird es unbeliebt und zurückgesetzt sein, und das wahrscheinlich für immer, denn seine Chancen, dieses Verhaltensmuster zu durchbrechen, sind sehr gering. Ein Grund dafür ist, daß dieses Kind gar nicht merkt, was es falsch macht. Deshalb ist eine Änderung seines Verhaltensmusters von sich aus außerordentlich schwierig, es sei denn, seine Eltern nehmen eine andere Einstellung zum Blickkontakt ein, solange das Kind noch jung genug ist. Das wäre für dieses Kind die einzige Chance.

Ein sehr gutes Beispiel hierfür wurde bei Untersuchungen in der Kinderabteilung eines allgemeines Krankenhauses entdeckt. Es wurde notiert, wie oft die Schwestern und Helfer jedes einzelne Kinderzimmer betraten. Dabei kam heraus, daß nach einigen Kindern viel häufiger gesehen wurde als nach anderen. Die Gründe hierfür waren überraschend. Selbstverständlich hatte es mit der Schwere der Krankheit zu tun und mit der entsprechenden Pflege, die die Kinder benötigten. Doch damit allein konnte man die unterschiedliche Häufigkeit der Patientenbesuche nicht erklären. Vielleicht ahnen Sie schon den Grund? Der Grund war, daß den besonders beliebten Kindern mehr Aufmerksamkeit zuteil wurde. Immer wenn die Schwestern oder Helfer einen freien Augenblick fanden oder die Wahl hatten, welches Zimmer sie zuerst betreten sollten, suchten sie sich natürlich das Kind aus, das sie besonders gerne mochten.

Woran lag es nun, ob ein Kind beliebt war oder nicht? Mehrere Gründe waren dafür ausschlaggebend, z. B. Munterkeit, Sprachgewandtheit, Spontaneität, aber der häufigste Faktor war der Augenkontakt. Die am wenigsten beliebten Kinder warfen zuerst einen kurzen Blick auf den Eintretenden, um dann ganz schnell wieder wegzusehen, sie wichen jedem

Augenkontakt aus und machten dadurch anderen die Kontaktaufnahme schwer. Die Erwachsenen fühlten sich natürlich nicht wohl bei diesen Kindern. Da den Schwestern und Helfern nicht klar war, daß sie von sich aus die Kommunikation herstellen mußten, verstanden sie die Kinder falsch und nahmen an, die Kinder könnten sie nicht leiden oder wollten allein sein. Infolgedessen wurden diese Kinder gemieden, so daß sie sich noch weniger geliebt, unerwünscht und nutzlos fühlten.

Dieses Problem tritt in sehr vielen Familien auf, so auch in der von Fred. Seine Eltern hätten diese Fehlentwicklung mit ständigem warmen, freundlichem Augenkontakt korrigieren können. Wenn sie diese Möglichkeit gekannt hätten und noch ein paar andere wichtige Fakten über die Liebe zu unseren Kindern, zu denen wir später noch kommen werden, hätten sie nicht diese Schwierigkeiten mit ihrem Jungen gehabt.

Eine Entwicklungsstörung

Während unserer Untersuchungen, diesmal in einer Universitätskinderklinik, machten wir eine andere interessante Entdeckung. Wir untersuchten damals das Phänomen einer seltsamen Entwicklungsstörung. Bei dieser Krankheit hört ein Kind gewöhnlich zwischen dem 6. und dem 12. Lebensmonat auf, sich weiterzuentwickeln. Häufig trinkt und wächst es nicht mehr, wird lustlos und lethargisch und kann sogar ohne einen ersichtlichen Grund sterben. Alle Tests und physischen Untersuchungen blieben ohne Befund. Wie kommt es, daß solch ein Kind seinen Lebenswillen verliert? Wir wissen, daß die Eltern in den meisten Fällen das Kind oft unbewußt ablehnen, aber unfähig sind, sich bewußt mit ihren ablehnenden Gefühlen gegenüber dem Kind zu befassen. Sie drücken daher unbewußt ihre Ablehnung in ihrer Haltung aus. Diese Eltern vermeiden sowohl Augen- als auch körperlichen Kontakt mit ihrem Kind. Im übrigen verhalten sie sich so wie andere Eltern auch, indem sie für Nahrung und Kleidung sorgen.

Diese Störung des kindlichen Gedeihens ist ein erstaunliches Phänomen, aber andere Beobachtungen sind mindestens ebenso aufsehenerregend. Während der Bombenangriffe im Zweiten Weltkrieg wurden viele kleine Kinder aus Sicherheitsgründen mit fremden Erwachsenen aufs Land evakuiert, während ihre Eltern in London blieben. Diese Kinder waren anscheinend gut versorgt, denn sie waren sauber, gut genährt und gut untergebracht. Gefühlsmäßig jedoch kamen sie in der Regel zu kurz, denn es gab nicht genug Bezugspersonen, die ihnen gefühlsmäßige Zuwendung durch Augen- und körperlichen Kontakt zukommen ließen. Infolgedessen waren die meisten dieser Kinder verunsichert und seelisch belastet. Es wäre sehr viel besser gewesen, sie bei ihren Müttern zu lassen, denn die Gefahr eines seelischen Schadens war bei weitem größer als die der Bomben.

Schreckliche Gefahren und Abgründe erwarten ein emotional geschwächtes Kind. Eltern, macht Eure Kinder lebenstüchtig! Euer bestes Hilfsmittel dabei ist bedingungslose Liebe!

Augenkontakt und Lernprozeß

Bei meinen Vorlesungen an Akademien gehe ich besonders auf die Wichtigkeit des Augenkontakts und des körperlichen Kontakts ein und zeige auf, welchen Einfluß diese Kommunikationsmöglichkeiten auf die kindliche Angst und die Lernfähigkeit haben.

Durch die Schwierigkeiten beim Blickkontakt mit einem drei bis vier Jahre alten Kind kann ein Lehrer z. B. feststellen, ob das Kind ängstlich, gehemmt oder noch unreif ist. Schon ein geringer Entzug der emotionalen Zuwendung kann ein Kind dazu bringen, Schwierigkeiten beim Blickkontakt zu haben.

Ein besonders ängstliches Kind wird außerdem noch Probleme haben, wenn es Erwachsene oder sogar Gleichaltrige ansprechen soll. Ein emotionell gut versorgtes Kind dagegen wird sich ohne Scheu an seinen Lehrer wenden, indem es auf ihn zugeht, ihm ins Gesicht blickt und sagt, was es gerade auf dem Herzen hat, z. B.: »Kann ich ein Stück Papier haben?« Je weniger gefühlsmäßige Zuwendung ein Kind erfährt, desto größere Schwierigkeiten wird es in einem Fall wie dem hier geschilderten haben.

In jeder Durchschnittsklasse gibt es zumindest ein Kind, meistens einen Jungen, das so ängstlich ist, daß es keinen wirklichen Blickkontakt aufnehmen kann. Solch ein Kind spricht nur stockend und weiß ohne gutes Zureden oft nicht weiter, es wendet sich nur indirekt an seinen Lehrer und kann ihn manchmal nur ansprechen, wenn es ihm den Rücken zukehrt. Selbstverständlich haben diese Kinder Lernschwierigkeiten, weil sie so ängstlich und gehemmt sind.

Wenn wir auf so ein unglückliches Kind stoßen, bitte ich den Lehrer, sich anfangs beim Unterricht dem Kind gegenüber zu setzen. Später soll der Lehrer das Kind in den Arm nehmen, mit ihm sprechen und dabei, so gut es geht, Blickkontakt herzustellen suchen. Anschließend soll dann der Lehrer das Kind wieder unterrichten, während er immer noch den Arm um das Kind gelegt hat. Der Lehrer ist beeindruckt, und auch ich bin jedesmal wieder erstaunt, wieviel leichter das Kind dann lernt, weil seine emotionellen Bedürfnisse fürs erste befriedigt sind. Durch den Augen- und Körperkontakt hat der Lehrer die Befürchtungen und Ängste des Kindes abgebaut und beim Kind das Gefühl von Sicherheit und Selbstvertrauen gestärkt. Dadurch wiederum kann das Kind besser lernen. Wie einfach ist das doch! Warum nun wird diese Methode nicht öfter angewandt? Dafür gibt es viele Gründe, angefangen bei der Angst, wir könnten uns lächerlich machen, oder wir würden das Kind verwöhnen bis zu der unklaren Befürchtung, wir könnten ihm auf irgendeine Weise damit schaden. Darüber, daß wir einem Kind zuviel Liebe schenken könnten, sollten wir uns nun wirklich keine Sorgen machen!

Der Wohnungswechsel

Als Vater bin ich sehr froh zu wissen, wie wichtig der Augenkontakt ist. Er hat mir auch bei meinen eigenen Kindern sehr geholfen. Ich werde z. B. nie vergessen, wie wir in unser jetziges Haus zogen; damals waren unsere beiden Jungen, der eine zwei und der andere sechs Jahre alt, richtig fröhliche, energiegeladene, selbständige Kinder.

Etwa eine Woche nach dem Umzug merkten wir eine Veränderung im Verhalten der beiden Jungen. Sie wurden quengelig und hingen an uns wie die Kletten. Außerdem waren sie jetzt leicht aufgeregt, zankten sich andauernd und standen uns ständig im Wege, kurz, sie waren unausstehlich. Damals waren meine Frau Pat und ich wild entschlossen, unser Haus fertig einzurichten, bevor ich meine neue Stellung antreten mußte. Das Benehmen der Jungen störte uns, aber wir nahmen beide an, es hinge mit dem Wohnungswechsel zusammen.

Als ich dann eines Nachts über meine Jungen nachdachte, stellte ich mir vor, wie ich mich selbst an ihrer Stelle verhalten würde. Die Antwort darauf traf mich wie ein Keulenschlag. Pat und ich waren zwar Tag und Nacht mit den Kindern zusammen und sprachen auch ziemlich oft mit ihnen; wir waren aber so sehr mit unserer Arbeit im Haus beschäftigt, daß wir ihnen nie die Aufmerksamkeit schenkten, auf die sie Anspruch hatten. Weil wir ihnen deshalb kaum noch den notwendigen Blick- oder körperlichen Kontakt zukommen ließen, war ihr »emotioneller Tank« leer. Durch ihr Benehmen stellten sie uns deshalb die Frage: »Liebt ihr uns jetzt im neuen Haus auch noch? Ist alles noch in Ordnung zwischen uns? Liebt ihr mich noch?« Das sind ganz typische Fragen für Kinder in einer veränderten Umwelt.

Sowie mir das Problem klar war, teilte ich Pat meine Überlegung mit. Sie reagierte zuerst etwas skeptisch, war dann aber bereit, alles zu versuchen, was uns helfen könnte.

Am nächsten Tag erhielten die Jungen Augenkontakt, wann immer sie mit uns sprachen (aktives Zuhören) oder wir mit ihnen redeten. Wenn es möglich war, nahmen wir sie in den Arm und schenkten ihnen konzentrierte Aufmerksamkeit. Die Veränderung war augenscheinlich. Nachdem ihr »emotioneller Tank« gefüllt war, wurden sie wieder die fröhlichen, strahlenden, lauten kleinen Jungen von früher, und bald verbrachten sie ihre Zeit nicht mehr damit, uns im Wege zu stehen, sondern spielten wieder miteinander und waren vergnügt. Pat und ich waren uns einig darüber, daß wir unsere Zeit sinnvoll verwendet hatten. Nachdem uns die Kinder nicht mehr ständig im Wege waren, konnten wir auch die verlorene Zeit wieder aufholen; viel wichtiger aber war, daß die Kinder wieder glücklich waren.

Es ist nie zu früh

Ich möchte hier noch ein Beispiel für die Wichtigkeit des Blickkontakts geben. Mit etwa zwei bis vier Wochen beginnt das Neugeborene, Dinge in seiner Umgebung zu erkennen. Zu seinen ersten Eindrücken gehört das menschliche Gesicht, wobei speziell die Augen seine Aufmerksamkeit fesseln. Wenn ein Kind ungefähr sechs bis acht Wochen alt ist, kann man beobachten, daß seine Augen ständig hin- und herwandern, als ob sie etwas suchten. Die Augen gleichen zwei Radarantennen, die fortwährend ihre Umgebung absuchen. Wonach, das können Sie sich sicher denken: Das Kind sucht nach einem anderen Augenpaar. Schon mit zwei Monaten versuchen die Augen des Kindes ein anderes Augenpaar festzuhalten. Schon jetzt hat es emotionelle Bedürfnisse, und schon in diesem frühen Stadium muß sein »emotioneller Tank« gefüllt werden.

Ist das nicht erstaunlich? Kein Wunder, daß die Art der Kontaktaufnahme zu seiner Umwelt und seine Gefühle ihr gegenüber sich schon so früh herausbilden. Die meisten Wissenschaftler sind der Meinung, daß die eigentliche Persönlichkeit eines Kindes, seine Denkweise, seine Art zu reden und andere entscheidende Eigenschaften mit etwa fünf Jahren festgelegt sind.

Wir können also gar nicht früh genug damit beginnen, unserem Kind unsere ständige warme Zuwendung zu schenken. Das Kind braucht die bedingungslose Liebe dringend, um sich in der heutigen Welt behaupten zu können. Wir haben doch diese einfache und dabei außerordentlich wirksame Methode, ihm diese Liebe zu geben. Nur vor dem falschen Gebrauch des Augenkontakts müssen wir uns hüten, d. h. wir dürfen den Augenkontakt nicht als Kontrollmaßnahme mißbrauchen. Es liegt an uns, unser Kind durch den Blick unsere Liebe spüren zu lassen.

5. Wie sollen wir unser Kind lieben?

Körperlicher Kontakt

Es scheint, daß die nächstliegende Art, einem Kind unsere Liebe zu zeigen, der körperliche Kontakt ist. Merkwürdigerweise zeigen Untersuchungen, daß die meisten Eltern ihre Kinder nur berühren, wenn die Notwendigkeit dazu besteht, nämlich beim An- oder Ausziehen oder beim Einsteigen ins Auto. Im übrigen nutzen nur wenige Eltern diese einfache Möglichkeit, ihren Kindern auf mühelose Weise die bedingungslose Liebe zu zeigen, die Kinder so dringend brauchen. Man sieht selten, wie Eltern aus eigenem Antrieb plötzlich die Gelegenheit wahrnehmen, ihr Kind zu berühren.

Ich spreche nicht nur vom Umarmen oder Küssen, sondern von jeder Art körperlichen Kontaktes. Es ist so einfach, ein Kind an der Schulter zu fassen, ihm einen leichten Puff in die Rippen zu geben oder ihm durchs Haar zu fahren. Wenn man aufmerksam Eltern mit ihren Kindern beobachtet, sieht man, daß viele regelrecht bemüht sind, jeden körperlichen Kontakt zu vermeiden. Es wirkt, als ob diese bedauernswerten Eltern ihre Kinder als eine Art mechanischer Laufpuppen ansehen, bei denen es darauf ankommt, daß sie sich ohne jede Hilfe von außen bewegen und korrekt benehmen. Diese Eltern wissen nicht, welche wertvollen Chancen sie weggeben, denn in ihrer Hand liegt es, das Gefühl der Geborgenheit bei den Kindern und eigenen Erfolg als Eltern zu sichern. – Es ist herzerfrischend, Eltern zu sehen, die das Geheimnis des physischen Kontakts und auch des Blickkontakts für sich entdeckt haben.

Letzten Sommer spielte mein achtjähriger Sohn Baseball, und ich saß als Zuschauer auf der Tribüne. Während des Spiels beobachtete ich einen Vater, der das Geheimnis des Augenkontakts und des körperlichen Kontakts für sich entdeckt hatte. Ab und zu kam sein Junge angerannt, um ihm irgend etwas zu erzählen. Es war ganz offensichtlich, daß eine starke gefühlsmäßige Bindung zwischen ihnen bestand. Wenn sie sprachen, sahen sie sich direkt und ohne Hemmungen in die Augen. Ihre Bindung schloß gleichzeitig auch physische Berührung ein, vor allem wenn etwas offensichtlich Komisches gesagt wurde. Der Vater legte wiederholt die Hand auf den Arm seines Sohnes oder auf dessen Schulter, manchmal gab er ihm aus Spaß einen Schlag aufs Knie. Gelegentlich klopfte er ihm auf den Rücken oder zog das Kind an sich, besonders nach einer lustigen Bemerkung. Man sah deutlich, daß dieser Vater den körperlichen Kontakt benutzte, wann immer es möglich und angebracht war.

Gelegentlich kam auch die Tochter, ein Teenager, um ihren Bruder spielen zu sehen. Sie saß dann neben ihrem Vater oder direkt vor ihm. Auch ihr gegenüber verhielt er sich verständnisvoll und schenkte ihr Augen- und Körperkontakt. Doch ihrem Alter entsprechend vermied er es, sie auf den Schoß zu nehmen oder zu küssen, was er zweifellos getan hätte, wenn sie jünger gewesen wäre. Statt dessen berührte er sie leicht an Arm, Schulter oder Rücken. Gelegentlich klopfte er auf ihr Knie, legte kurz den Arm um ihre Schulter und zog sie leicht an sich, besonders wenn etwas Komisches passiert war.

Zwei kostbare Gaben

Wir sollten Kontakt durch Blick und Berührung in den täglichen Umgang mit unseren Kindern einbeziehen, und zwar ganz natürlich, nicht aufdringlich oder übertrieben. Ein Kind, das in einer Umgebung aufwächst, in der die Eltern diesen Kontakt herzustellen vermögen, wird mit sich selbst und anderen in einem harmonischen Gleichgewicht sein. Es wird leicht Kontakt zu anderen finden und infolgedessen beliebt sein und ein gesundes Selbstbewußtsein entwickeln. Angemessener und häufiger Kontakt durch Blick und Berührung sind die beiden wertvollsten Gaben, die wir unserem Kind schenken können. Augen- und körperlicher Kontakt, verbunden mit konzentrierter Aufmerksamkeit (siehe Kapitel 6), sind das wirksamste Mittel, um den emotionellen Tank eines Kindes zu füllen und es in die Lage zu versetzen, sein Bestes zu geben.

Unglücklicherweise hatten Freds Eltern dieses Geheimnis nicht entdeckt. Im letzten Kapitel hörten wir, wie sie den Augenkontakt falsch angewandt hatten. Sie waren der Meinung, daß körperlicher Kontakt etwas für Mädchen sei, weil Mädchen angeblich mehr Zärtlichkeit brauchten. Mr. und Mrs. Smith glaubten, daß Jungen wie Männer behandelt werden sollten und daß Zärtlichkeit Fred verweichlichen würde. Diese besorgten Eltern hatten sich nicht klar gemacht, daß es genau umgekehrt ist: Je mehr Freds emotionale Bedürfnisse durch körperlichen und Augenkontakt – besonders von Seiten des Vaters – befriedigt werden, umso eher wird er sich mit seinem Geschlecht identifizieren und umso männlicher wird er werden.

Mr. und Mrs. Smith waren außerdem der Meinung, ein Junge hätte mit zunehmendem Alter immer weniger das Bedürfnis nach Zuwendung besonders körperlicher Art. Tatsächlich hört das Bedürfnis eines Jungen nach physischem Kontakt nie auf, wenn auch die Art des Kontakts, den er braucht, sich ändert.

Als Kleinkind muß er getragen, geliebkost, geherzt und geküßt werden. Mein achtjähriger Sohn nennt das verächtlich »Babykram«. Diese Art köperlicher Zärtlichkeit ist überaus wichtig von der Geburt an bis zum Alter von sieben oder acht Jahren. Untersuchungen haben gezeigt, daß Mädchen unter zwölf Monaten fünfmal so oft körperliche Zärtlichkeit erhalten wie Jungen. Ich bin überzeugt, dies ist ein Grund dafür, daß Jungen von drei Jahren an bis zur Pupertät viel mehr Probleme haben als Mädchen. In diesem Land kann man fünf- bis sechsmal soviele Jungen wie Mädchen in psychiatrischen Kliniken finden. Dieses Verhältnis ändert sich grundlegend während der Pubertät.

Es ist auffallend, wie wichtig es für einen Jungen ist, während der ersten Lebensjahre genau soviel Zuwendung zu erfahren wie ein Mädchen – oft braucht er sogar mehr. Wenn ein Junge älter wird, nimmt sein Bedürfnis nach Zärtlichkeit, wie Umarmen und Küssen, nicht jedoch das nach körperlichem Kontakt ab. Statt des anfänglichen »Babykrams« braucht er jetzt jungenhafte Kontakte, z. B. Ringen, Rempeln, Schulterklopfen, Schlagen, Boxen, Umwerfen oder Fingerklopfen. Diese Art physischer Kontaktaufnahme ist für einen Jungen ein ebenso echtes Mittel der Kommunikation wie Umarmen und Küssen. Man sollte es nicht vergessen, ein Kind braucht immer beide Kontaktarten.

Auch wenn meine Jungen älter und für Umarmungen und Küsse immer weniger empfänglich werden, gibt es doch Momente, wo sie Zärtlichkeit brauchen, und ich muß darauf achten, keine sich mir bietende Chance zu verpassen. Diese Gelegenheit ergibt sich dann, wenn sich die Jungen verletzt haben – nicht nur körperlich sondern auch seelisch –, wenn sie übermüdet oder krank sind und zu gewissen Zeiten wie beim Zubettgehen oder wenn irgend etwas Trauriges passiert ist.

Ich erinnere an die besonderen Momente, die wir im 4. Kapitel diskutierten, Momente, die so bedeutsam sind, daß ein Kind sie nie vergessen wird. Diese besonderen Gelegenheiten, unseren Kindern liebevollen körperlichen Kontakt – Umarmen, Küssen – zu geben, gehören speziell bei älteren Kindern zu den bleibenden Erinnerungen. Diese helfen später dem Kind in Pubertätskrisen und im Konflikt zwischen Rebellion und Liebe zu seinen Eltern. Je größer sein Schatz an besonderen Erinnerungen ist, umso besser kann es im Pubertätsumbruch bestehen.

Solche kostbaren Gelegenheiten sind begrenzt. Ein Kind entwickelt sich schnell von einer Phase zur nächsten, und ehe wir es selbst merken, sind die Gelegenheiten, ihm das, was es braucht, zukommen zu lassen, vorüber, ein bedrückender Gedanke.

Nun ein weiteres Argument zu dem Thema Zärtlichkeitsbezeigungen bei Jungen. Es ist leichter, zärtlich zu einem Jungen zu sein, solange er noch klein ist, z. B. zwischen 12 und 18 Monaten. Je älter er wird, umso schwieriger wird es. Warum? Einer der Gründe, den ich bereits erwähnte, ist die falsche Annahme, Zärtlichkeit sei etwas spezifisch Weibliches. Einen weiteren Grund möchte ich hier herausstellen: Auf die meisten Menschen wirken Jungen weniger attraktiv, wenn sie älter werden. So empfindet man z. B. einen sieben- oder achtjährigen Jungen als wenig anziehend, irritierend und oft sogar grotesk. Um einem Jungen das zu geben, was er emotionell braucht, müssen wir uns über unsere negativen Gefühle klar werden, sie überwinden und uns wie richtige Eltern verhalten.

Was nun die Mädchen und ihre Bedürfnisse betrifft, so wird bei ihnen eine gefühlsmäßige Benachteiligung während der ersten sieben oder acht Jahre weniger deutlich als bei Jungen. Mit anderen Worten, sie zeigen ihr Zärtlichkeitsbedürfnis nicht so deutlich. Ich habe zahlreiche Kinder gesehen, die gefühlsmäßig ausgehungert waren, und im allgemeinen ist es leicht festzustellen, wenn Jungen darunter leiden – ihr Kummer ist meist augenfälliger. Mädchen dagegen scheinen besser damit fertigzuwerden, sie scheinen vor der Pubertät den Mangel an Zuwendung weniger zu empfinden. Doch darf man sich dadurch nicht täuschen lassen. Obgleich jüngere Mädchen ihre Gefühle nicht so zur Schau tragen, leiden sie doch intensiv bei seelischer Vernachlässigung. Das wird ganz augenfällig, wenn sie älter werden, besonders während der Pubertät.

Einer der Gründe dafür beruht auf dem physischen Kontakt. Wir erinnern uns, daß körperliche Kontakte und vor allem Zärtlichkeiten, wie Umarmen und Küssen, für Jungen während der frühen Kinderjahre lebenswichtig sind. Je kleiner der Junge, umso entscheidender ist der liebevolle Kontakt für ihn, während beim Mädchen der körperliche Kontakt und besonders Zärtlichkeit an Bedeutung gewinnt, je älter es wird, und mit elf Jahren einen Höhepunkt erreicht. Nichts berührt mich mehr als ein elfjähriges Mädchen, das nicht die notwendige gefühlsmäßige Zuwendung erfährt. Ein höchst kritisches Alter.

Sabines Persönlichkeitswandlung

»Ich kann es einfach nicht fassen. Sabine muß eine Art Dr. Jekyll und Mr. Hyde sein«, rief Mrs. Francisco aus, als sie mich das erste Mal ihrer 15jährigen Tochter wegen aufsuchte. »Sie ist immer ein ruhiges, schüchternes Mädchen gewesen, das niemals besondere Initiative entwickelte. Sie mußte richtig dazu gedrängt werden, irgend etwas zu unternehmen, besonders während der letzten Monate. Eine Zeitlang konnte ich sie zu nichts bewegen. Das Leben schien sie anzuöden. Sie verlor das Interesse an allem, speziell an der Schule. Sie schien jegliche Energie zu verlieren.

Ich brachte Sabine zum Kinderarzt, aber der konnte nichts finden. Dann sprach ich mit dem Schulleiter und ihren Lehrern, auch sie waren besorgt über Sabines Haltung und ihre allgemeine Unlust. Freunde rieten mir, mich nicht aufzuregen, das sei nur eine vorübergehende Phase. Natürlich hoffte ich, sie würden recht behalten, aber ich hatte meine Zweifel.

Eines Tages besuchte mich eine Freundin, die eine Tochter in Sabines Alter hat. Sie erzählte, daß ihre Tochter Sabine für drogenabhängig hielte. Ich glaubte das zwar nicht, Sabine war nicht der Typ dafür, dann untersuchte ich aber doch ihr Zimmer und fand etwas Marihuana. Zum erstenmal in ihrem Leben benahm sie sich schrecklich. Sie schrie mich an, ich dürfte ihr nicht nachspionieren und hätte nicht das Recht, in ihre Privatsphäre einzudringen. Ich war entsetzt über ihre trotzige Haltung.

Das schien der Anfang ihrer Persönlichkeitswandlung zu sein. Zur Zeit ist sie ständig schlechter Laune, einfach unausstehlich. Sie besteht darauf, mit dem übelsten Pack aus der Schule herumzuziehen, und ich mag mir gar nicht ausmalen, was sie wohl alles anstellen. Ihr einziges Interesse ist, von zu Hause fort zu sein und mit diesen Schlägerfreunden herumzulaufen. Was soll bloß daraus werden, Dr. Campbell? Wir werden nicht mehr mit ihr fertig.«

»Benimmt sich Sabine auch ihrem Vater gegenüber so?« fragte ich.

»Mit ihm geht es aus irgendwelchen Gründen besser, aber er findet es allmählich auch immer schwieriger, mit ihr zu reden. Aber er ist auch zu wenig da, um eine wirkliche Hilfe zu sein. Er hat immer soviel zu tun und ist meistens fort. Auch wenn er zu Hause ist, hat er nicht viel Zeit für uns. Die Kinder hängen sehr an ihm und möchten immer um ihn sein, aber sowie er da ist, findet er etwas zu tadeln und nörgelt an ihnen herum. Ich weiß, er liebt die Kinder wirklich, aber so ist er eben.«

Eine tragische Geschichte, die aber häufig vorkommt: Da ist ein normales, gut veranlagtes Mädchen, das bis zum 13. Lebensjahr offen, liebenswert und fleißig war. Seine Hauptsorge war, wie bei jedem anderen Kind, »liebt ihr mich?« Fast dreizehn Jahre lang hatten ihre Eltern ständig Gelegenheit, diese Frage zu beantworten und ihre Liebe unter Beweis zu stellen. Wie bei jedem typischen Mädchen nahm ihr Bedürfnis nach Liebesbeweisen im Laufe der Jahre zu und erreichte einen Höhepunkt im Alter von elf Jahren – jener überaus kritischen Periode, in der Mädchen ein fast verzweifeltes Bedürfnis nach Augenkontakt, konzentrierter Aufmerksamkeit und Körperkontakt haben, vor allem von Seiten des Vaters.

Vorbereitung auf die Pubertät

Warum sind Liebe und Zärtlichkeit so wichtig für Mädchen in der Zeit der Vorpubertät? Weil sie die Vorbereitung auf die Pubertät darstellen. Jedes Mädchen tritt in diese Lebensphase irgendwie vorbereitet ein, die einen besser, die anderen weniger gut vorbereitet.

Die beiden wichtigsten Aspekte dieser Vorbereitung für Mädchen sind, ein Bild von sich selbst und seiner sexuellen Identität zu gewinnen. Betrachten wir einmal den Begriff sexuelle Identität beim heranwachsenden

Mädchen. Wie bereits erwähnt, wächst das Bedürfnis des Mädchens nach Zärtlichkeit mit dem Älterwerden. Wenn die Pubertät beginnt, ist dem Mädchen intuitiv oder unbewußt klar, daß es von ihm selbst abhängt, wie es mit den stürmischen Entwicklungsjahren fertig wird. Es ist außerordentlich wichtig, daß es sich als weibliches Wesen bejaht. Fühlt es sich wohl in seiner Rolle als »Frau«, wenn die Pubertät beginnt – gewöhnlich zwischen dem 13. und dem 15. Lebensjahr –, so wird diese relativ unproblematisch und störungsfrei mit den üblichen Stimmungshöhen und -tiefen ablaufen. Je gefestigter und gesünder seine sexuelle Identität ist, umso besser wird das Mädchen dem Druck von Gleichaltrigen widerstehen können. Je weniger es sich als »Frau« wohlfühlt, umso weniger gefestigt wird es sein. Es wird dann dem Einfluß seiner Altersgenossen, besonders der männlichen, zugänglicher sein und kaum fähig sein, den elterlichen Wertvorstellungn weiterhin zu folgen.

Sexuelle Identität bedeutet für das Mädchen, sich selbst als Frau zu bejahen, und es erhält seine sexuelle Identität in diesem Alter vor allem vom Vater, sofern er lebt und zur Hausgemeinschaft gehört. Ist der Vater dagegen tot oder sonst irgendwie seiner Familie entzogen, dann muß das Mädchen eine andere Vaterfigur finden, die diese Lücke ausfüllt. Wenn aber der Vater eine lebendige Beziehung zu seiner Tochter hat, ist er die Person, die ihr primär in dieser besonderen Weise während der Pubertät helfen kann, eine wahrhaft große Verantwortung!

Ein Vater hilft seiner Tochter, mit sich selbst im Einklang zu leben, wenn er sie bejaht und ihr das auch zeigt. Er tut das, indem er die bereits erwähnten Prinzipien anwendet: bedingungslose Liebe, Augen- und Körperkontakt sowie konzentrierte Aufmerksamkeit. Eine Tochter braucht diese Arten der Zuwendung bereits vom zweiten Lebensjahr an. Und zwar wird dieses Bedürfnis, so wichtig es im frühen Alter ist, immer größer, je älter das Kind wird, und erreicht seinen Höhepunkt im fast magischen Alter von 13 Jahren.

Ein Problem unserer Gesellschaft ist folgendes: Wird das Mädchen älter, fühlt sich der Vater zunehmend unbehaglich, wenn er ihm die Zärtlichkeit, die es ja braucht, erweisen soll, besonders in der Vorpubertät mit etwa zehn oder elf Jahren. Wenn also die Tochter das Alter erreicht hat, in dem sie die Zärtlichkeit des Vaters am nötigsten braucht, fühlt sich der Vater gehemmt und unbehaglich, besonders beim körperlichen Kontakt. Das ist natürlich verhängnisvoll. Wir Väter müssen dieses Unbehagen ignorieren und unseren Töchtern das geben, was für ihr weiteres Leben so bedeutsam ist.

Wie die meisten Väter habe auch ich Schwierigkeiten, meinen Kindern alles zu geben, was sie gefühlsmäßig brauchen – besonders was physische Kontakte zu meiner Tochter, einem Teenager, und konzentrierte Aufmerksamkeit betrifft. Abends komme ich meist körperlich und seelisch erschöpft von der Arbeit heim. Woher nehme ich, nachdem ich mich bei der Arbeit völlig verausgabt habe, noch die Energie und Spannkraft; denn jetzt braucht mich die Familie und besonders meine Tochter am dringendsten. Bei meiner eigenen Tochter war das in letzter Zeit der Fall, als sie wenig erfreuliche Erfahrungen in ihrem Freundeskreis gemacht hatte, wahrscheinlich hatte eine Freundin sie aus Eifersucht feindselig behandelt. Manchmal begreift sie den Grund dieser Eifersucht nicht und sucht die Schuld bei sich selbst.

Bei solchen Anlässen weiß ich, was ich zu tun habe. Ich suche sie in ihrem Zimmer auf, rede mit ihr, um herauszufinden, was sie auf der Seele hat, gebe ihr den Körper- und Augenkontakt, den sie in diesem Moment braucht, und warte geduldig, bis sie soweit ist, mir ihren Kummer und ihre Ratlosigkeit mitzuteilen. Erst dann kann ich ihr die Situation klarmachen. Allmählich dämmert ihr, daß nicht sie etwas falsch gemacht hat und sich Vorwürfe machen muß. Dann sieht sie gewöhnlich die Situation klar genug, um später ähnlichen Schwierigkeiten aus dem Wege zu gehen. – Jedenfalls wünschte ich, daß es immer so liefe, doch wie ich bereits sagte, bin ich selten so voll Energie und Enthusiasmus, um es so durchführen zu können. Gewöhnlich habe ich nur den Wunsch, mein Abendbrot zu essen, im Sessel zu sitzen, die Zeitung zu lesen und mich zu entspannen.

Was mir geholfen hat, diese Passivität zu überwinden, ist folgendes: Wenn meine Tochter oder einer meiner Söhne mich braucht, ich mich aber gleichzeitig magnetisch zum Sessel oder Bett hingezogen fühle, dann denke ich an meinen Freund, einen Jugendrichter. Ich schätze und respektiere ihn zutiefst. Als überaus schlimm, demütigend und tragisch würde ich es empfinden, wenn ich mit einem meiner Kinder vor ihm als Jugendrichter erscheinen müßte, etwa in einer Drogenaffäre. Dann sage ich mir: »Campbell, jedes sechste Kind erscheint vor dem Jugendgericht. Wenn du nicht willst, daß eines von deinen Kindern einmal in solch eine Affäre verwickelt wird, dann gehe jetzt schleunigst zu ihnen und gib ihnen, was sie brauchen, statt an dich zu denken.« Allein der Gedanke, in solch einer Angelegenheit mit meinem Kind vor dem Jugendrichter zu erscheinen, ist einfach unerträglich. Gewöhnlich hilft diese Vorstellung. Ich überwinde mich und tue, was ich als Vater tun muß.

Ich komme noch einmal auf den körperlichen Kontakt zurück. Eines Tages dachte ich wieder über seine Bedeutung nach, wie absolut wichtig er ist und wie viele Eltern ihn als nebensächlich und primitiv ansehen. Wir bilden uns ein, ihn ständig zu üben, dabei tun wir es jedoch nur selten. Ich versuchte gerade, dieses Problem durch ein Beispiel zu verdeutlichen, als meine Frau auf einen ziemlich ungewöhnlichen Artikel in der Zeitung stieß. Der Aufsatz beschäftigte sich mit religiösen Vereinigungen einschließlich der Moon-Sekte. Ein junger Mann berichtete in einem Interview über eine Gehirnwäsche, die er bei den Moonys erlebt hatte.

Eine besonders wirksame Technik wurde folgendermaßen angewandt: In einer emotionsgeladenen Atmosphäre, umgeben von mehreren Moon-Anhängern, wurde der junge Mann aufgefordert, sich an seine frühe Kindheit und an schmerzliche Erfahrungen zu erinnern. Daraufhin berichtete er von einem Erlebnis als Dreijähriger. Damals fühlte er sich einsam und traurig und suchte Trost im körperlichen Kontakt bei seiner Mutter. Aber sie hatte gerade keine Zeit für ihn, und er fühlte sich abgelehnt. Daraufhin umarmten ihn die Moonys wiederholt (körperlicher Kontakt) und erklärten, daß sie ihn liebten, wobei sie unterstellten, seine Mutter hätte ihn nicht geliebt.

Das ist doch erschreckend! Die Tatsache, daß es heute Dutzende solcher religiösen Bewegungen in unserem Lande gibt, die versuchen, die Seelen unserer Kinder zu gewinnen, ist schon alarmierend genug. Schlimmer noch ist, daß sie damit Erfolg haben, weil die Eltern nicht in der Lage sind, ihren Kindern durch bedingungslose Liebe das an Gefühlswärme zu geben, was sie brauchen. Die Statistik beweist in diesem Falle das Versagen der Eltern.

Trotzdem wollen wir festhalten: Die meisten Eltern lieben ihre Kinder. Aber das Grundproblem bleibt, uns ist nicht klar, daß wir unseren Kindern zuallererst unsere Liebe zeigen müssen. Erst dann können wir sie lehren, sie anleiten, ihnen Beispiel sein und Disziplin üben. Bedingungslose Liebe muß die Grundbeziehung zum Kinde sein, anderenfalls wird alles Übrige, kindliches Benehmen und Verhaltensweisen, unvorhersehbar.

Doch sollten wir deswegen nicht pessimistisch sein. Das wirklich Ermutigende ist: Wir wissen, wo das Grundproblem liegt und wie wir es anpakken können. Es gibt vernünftige Antworten. Ich bin überzeugt, daß die meisten Eltern, weil sie ihre Kinder lieben, bereit sind zu lernen, wie man diese Zuwendung ausübt. Die schwierige Frage ist, wie können wir alle oder wenigstens die meisten Eltern erreichen? Alle engagierten Eltern sollten darüber nachdenken. Die Antwort verlangt den Einsatz und die Mitarbeit aller.

6. Wie sollen wir unser Kind lieben?

Konzentrierte Aufmerksamkeit

Augen- und körperlicher Kontakt fordern selten ein wirkliches Opfer von den Eltern. Konzentrierte Aufmerksamkeit jedoch erfordert Zeit, und zwar viel Zeit. Das kann bedeuten, daß Eltern zuweilen etwas aufgeben müssen, was sie lieber täten. Liebevolle Eltern werden merken, daß ihr Kind diese gezielte Aufmerksamkeit manchmal zu einem Zeitpunkt dringend braucht, wenn es ihnen am wenigsten paßt.

Was ist konzentrierte Aufmerksamkeit? Sie bedeutet, einem Kind unser volles ungeteiltes Interesse zu schenken, so daß es unserer absoluten Liebe sicher ist. Dann fühlt das Kind, seine Persönlichkeit ist wertvoll genug, um die beständige liebevolle Aufmerksamkeit der Eltern, ihre Anerkennung und kompromißlose Zuneigung zu garantieren. Konzentrierte Aufmerksamkeit läßt also ein Kind spüren, daß es in den Augen der Eltern die wichtigste Person auf der Welt ist.

Manchem scheint dies etwas zu weit zu gehen, aber ein Blick in die Bibel zeigt uns, wie hoch die Kinder dort eingeschätzt werden und welche Priorität Christus ihnen zumißt (Mark. 10, 13–16). Ihre Bedeutung wird auch in den Psalmen herausgestellt (Ps. 127, 3–5), und in der Genesis werden Kinder als Gaben Gottes bezeichnet (1. Mose 33, 5). Ein Kind muß das Gefühl haben, einmalig zu sein. Nur wenige Kinder spüren das, aber welch ein Unterschied ist es für solch ein kleines Wesen, wenn es weiß, daß es für seine Eltern etwas ganz Besonderes darstellt. Ihre konzentrierte Aufmerksamkeit allein kann ihm dieses Wissen vermitteln. Sie ist für die Entwicklung des kindlichen Selbstbewußtseins lebenswichtig und übt den größten Einfluß auf die Kontaktfähigkeit eines Kindes aus.

Meiner Erfahrung nach ist konzentrierte Aufmerksamkeit das dringendste Bedürfnis eines Kindes, und wir Eltern haben oft große Schwierigkeiten, das zu erkennen bzw. dieses Bedürfnis zu erfüllen. Es gibt viele Gründe, warum wir dies oft nicht erkennen. Einer der Hauptgründe ist, daß andere Dinge, die wir für ein Kind tun, zu genügen scheinen, z. B. scheinen besondere Vergünstigungen wie Eis oder Bonbons, Geschenke oder die Gewährung außergewöhnlicher Wünsche zeitweilig die ungeteilte Aufmerksamkeit ersetzen zu können. Diese Freundlichkeiten sind ganz gut, aber es wäre ein schwerer Fehler, sie als Ersatz für gezielte Aufmerksamkeit anzusehen. Es erscheint mir sogar als regelrechte Versuchung, diese Art Ersatz zu benutzen, weil es leichter ist, Geschenke zu machen und auch viel weniger Zeit in Anspruch nimmt. Aber ich habe immer wieder festgestellt, daß sich meine Kinder am besten fühlen und benehmen, wenn ich ihnen diese kostbare Gabe, nämlich ungeteilte Aufmerksamkeit, zukommen lasse.

Die Tyrannei des Zeitdrucks

Warum ist es so schwierig, konzentrierte Aufmerksamkeit aufzubringen? Weil sie Zeit kostet. Zahlreiche Betrachtungen wurden angestellt, Bücher wurden geschrieben, die beweisen, daß die Zeit unser kostbarster Besitz ist. Betrachten wir es einmal so: Da der Tag 24 Stunden und die Woche 7 Tage hat, ist es faktisch unmöglich, alle unsere Verpflichtungen zu erfüllen. Das ist eine einfache Feststellung, die mich zwingt, nachzudenken. Es ist mir nicht möglich, jede Verpflichtung und jede Verantwortung in meinem Leben so durchzuführen, wie ich es im Grunde möchte. Das muß ich mir klar vor Augen halten. Tue ich es nicht, dann komme ich dazu, ganz naiv anzunehmen, alles werde sich schon von alleine regeln. Wenn ich das aber annehme, verfalle ich der Tyrannei des Zeitdrucks. Dringende Angelegenheiten werden dann automatisch Vorrang in meinem Leben haben und meine Zeit beherrschen.

Das wäre ganz in Ordnung, wenn diese dringenden Angelegenheiten wirklich wichtig wären. Unglücklicherweise sind sie es meistens nicht. Da ist z. B. das »heilige« Telefon, ich nenne es heilig, weil es Vorrang vor fast allem anderen hat. Das klingelnde Telefon muß abgenommen werden ohne Rücksicht auf Zeit, Ort oder Situation. Das gemeinsame Abendessen mit der Familie ist für mich z. B. von größter Wichtigkeit. Aber sowie das Telefon nachdrücklich klingelt, nimmt es sich das Recht heraus, unsere Gemeinschaft zu stören, ja sogar zu zerstören. Wieder einmal besiegt die Tyrannei des Zeitdrucks die wirklich wichtigen Dinge des Lebens.

Wir haben in unserem kurzen Leben einfach nicht Zeit genug, uns vom Streß beherrschen zu lassen und gleichzeitig das wirklich Wichtige durchzuführen. Wir können nicht zwei Dinge, die sich gegenseitig ausschließen, gleichzeitig tun. Was sollen wir also machen? Ich fürchte, es gibt da nur eine Antwort, und die ist weder einfach noch leicht. Wir müssen Prioritäten setzen, unsere Ziele festlegen und unsere Zeit so planen, daß wir diese Ziele auch erreichen können. Wir müssen unsere Zeit kontrollieren, um die wirklich wichtigen Dinge ausführen zu können.

Wie man Prioritäten setzt

Welches sind die Prioritäten in Ihrem Leben? An welcher Stelle kommt Ihr Kind? Kommt es an erster Stelle oder erst an zweiter, dritter oder vierter? Da müssen Sie sich entscheiden! Oder Ihr Kind wird an letzter Stelle kommen und unter dieser Vernachlässigung leiden.

Niemand kann für einen anderen Prioritäten setzen. Selbst Ihr Ehepartner kann nicht seine eigene oder die des Kindes in Ihrem Leben festlegen; ebensowenig kann es der Pfarrer, der Rechtsberater, der Arbeitgeber oder der Freund. Nur Sie selbst können das, also entscheiden Sie sich. Wer oder was hat Priorität in Ihrem Leben? Der Beruf, die Kirche, der Partner, das Haus, die Hobbys, die Kinder, das Fernsehen, die gesellschaftlichen Verpflichtungen, die Karriere?

Ich möchte noch einmal auf meine persönlichen Erfahrungen und auf die meiner Klienten zurückkommen. Bisher habe ich in meinem Leben folgendes beobachtet: In fast allen Familien, in denen Zufriedenheit, Glück und echte Dankbarkeit herrschen, haben die Eltern ein gleiches Prioritätensystem entwickelt. Gewöhnlich ist die erste Priorität ethischer Natur, etwa eine ausgeprägte religiöse Bindung oder ein moralisches Gesetz. In den meisten Fällen bedeutet das, Gott steht in ihrem Leben an erster Stelle, und sie haben eine nahe tröstliche Beziehung zu ihm. Diese feste Beziehung zu Gott beeinflußt jede andere. Die zweite Priorität gilt, wie bereits erwähnt, dem Ehepartner. Die Kinder stellen die dritte Priorität dar. Wie man sehen kann, ist echtes Glück in der Orientierung auf die Familie hin zu finden, geistig und körperlich. Gott, Ehepartner, Kinder – das sind die wesentlichen Dinge. Was danach an Prioritäten kommt, ist wichtig, aber jene drei haben den Vorrang.

Ich habe mit vielen Menschen gesprochen, die ihre Befriedigung in Reichtum, Macht oder Prestige gesucht hatten. Als sie aber ihre Lebenserfahrung erweiterten und die eigentlichen Werte entdeckten, wurde ihnen klar, daß sie auf dem falschen Sektor investiert hatten. Ich habe viele reiche Leute kennengelernt, die ihre besten Jahre darangegeben hatten, reich zu werden. Es war tragisch, wie sie Rat suchen mußten, als sie feststellten, wie beklagenswert leer ihr Leben trotz Reichtum und Macht war. Jeder jammerte und betrachtete sein Leben als verfehlt wegen eines entfremdeten Kindes oder eines Ehepartners, den er durch Scheidung verloren hatte. Jetzt erst wurde ihnen klar, daß der einzig wertvolle Besitz im Leben ein Mensch ist, der einen liebt und sich um einen sorgt.

Ich habe auch Menschen gesehen, die hoffnungslos krank sind, und die tiefste Erkenntnis ihres Lebens ist die gleiche. Wenn sie auf ihr Leben zurückblicken, erkennen sie: Das einzige, worauf es wirklich ankommt, ist ein Mensch, der sich ernsthaft um einen sorgt und einen bedingungslos liebt. Wenn diese Kranken solche Menschen haben, sind sie zufrieden, wenn nicht, kann man sie nur tief bedauern.

Kürzlich sprach ich mit der Frau eines Pfarrers, einer ausgesprochen schönen Frau, die unheilbar an Krebs erkrankt ist. Sie ist ein so frischer, lebensfroher Mensch. Als wir miteinander sprachen, erklärte sie mir, wie sich ihre Einstellung zum Leben geändert hätte, seit sie von ihrer Krankheit weiß. Durch das Wissen um ihren nahen Tod mußte sie ihr Prioritätensystem umstellen. Zum ersten Mal war ihr klar geworden, daß im Leben einer Mutter nicht Zeit genug für die nötigsten Bedürfnisse von Mann und Kindern ist, wenn sie nicht bereit ist, auf weniger wichtige Dinge zu verzichten. Diese Pfarrersfrau gab ihrem Mann und den Kindern die erste Priorität – und das veränderte das Leben aller grundlegend. Ich habe noch nie eine so erstaunliche Veränderung bei Mann und Kindern gesehen.

Das bedeutet natürlich nicht, daß wir andere Aspekte unseres Lebens vernachlässigen sollten, aber wir müssen die Zeit, die wir ihnen zugestehen, und ihren Einfluß auf unser Leben im Griff behalten.

Einmalige Gelegenheiten

Folgendes Beispiel zeigt anschaulich die Bedeutung der konzentrierten Aufmerksamkeit. Kürzlich las ich über einen Vater, der an seinem 50. Geburtstag in etwas gereizter Stimmung in seinem Wohnzimmer saß. Plötzlich stürmte sein elfjähriger Sohn Rick ins Zimmer, setzte sich auf seinen Schoß und begann, ihn pausenlos auf die Wangen zu küssen. Der Junge tat das so lange, bis der Vater ziemlich scharf fragte: »Was soll das?« Das Kind antwortete: »Ich gebe dir 50 Küsse an deinem 50. Geburtstag.« Normalerweise wäre der Vater über diesen Liebesbeweis gerührt gewesen, da er aber unglücklicherweise deprimiert und gereizt war, stieß er den Jungen zurück und sagte: »Das wollen wir auf ein anderes Mal verschieben.« Der Junge war tief verletzt, er rannte aus dem Haus, warf sich auf sein Rad und raste davon. Etwas später wurde das Kind von einem Auto überfahren und tödlich verletzt. Man kann sich den Kummer, die Reue und das Schuldgefühl des armen Vaters vorstellen.

Solche Erfahrungen lehren uns mancherlei. Erstens, da das Leben so unvorhersehbar und ungewiß ist, kann man nie wissen oder planen, wie viele Gelegenheiten uns noch geschenkt werden, unsere Kinder mit Liebe zu verwöhnen; besonders wie viele Augenblicke für konzentrierte Aufmerksamkeit wir noch vor uns haben. Wir müssen unsere Chancen wahrnehmen, vielleicht sind es weniger, als wir im Augenblick denken. Kinder werden ja so schnell erwachsen.

Zweitens, solche Gelegenheiten bieten sich nicht jeden Tag. Erinnern Sie sich an jene besonderen Augenblicke, die einem Kind zur bleibenden Erinnerung werden? Der Augenblick, als Rick versuchte, dem Vater 50 Küsse zu geben, war solch ein besonderer Moment. Hätte es der Vater verstanden, diese wenigen Minuten mit Rick in aufgeschlossener Stimmung zu verleben, würde Rick sich für den Rest seines Lebens liebevoll daran erinnert haben, vor allem später bei dem Versuch, sich gegen die väterlichen Wertvorstellungen zu wenden, z. B. während der ablehnenden Phase der Pubertät. Andererseits, wenn Rick nicht verunglückt wäre, würde er den Schmerz und die Demütigung jenes Augenblicks nie vergessen haben.

Mir fällt noch ein weiteres Beispiel für konzentrierte Aufmerksamkeit ein. In seinem Tagebuch hatte der Vater eines bedeutenden Philantropen einen Tag geschildert, an dem er mit seinem Sohn fischen gegangen war. Der Vater klagte, die Unternehmung sei ein absoluter Fehlschlag gewesen, da der Sohn gelangweilt, unkonzentriert und wortkarg gewesen sei. Der Vater schrieb sogar, wahrscheinlich würde er seinen Sohn nie wieder zum Fischen mitnehmen.

Viele Jahre später fand ein Biograph diese Aufzeichnungen und verglich sie mit der Eintragung des Sohnes vom gleichen Tage. Der Sohn hatte erklärt, was für ein wundervoller Tag es gewesen sei, »ganz allein mit dem Vater«. Er schilderte, wie bedeutsam und wichtig dieser Tag für ihn gewesen sei.

Das Ziel der konzentrierten Aufmerksamkeit

Wie könnte man den Begriff konzentrierte Aufmerksamkeit definieren? Wenn einem Kind bewußt wird: »Ich bin ganz allein mit Mutti oder Vati«; »Ich habe sie bzw. ihn ganz für mich allein«; »In diesem Augenblick bin ich für meine Mutter bzw. Vater der wichtigste Mensch auf der Welt«. Ein Kind das empfinden zu lassen, ist das eigentliche Ziel der konzentrierten Aufmerksamkeit.

Ungeteilte Aufmerksamkeit bedeutet nicht etwas, das wir freundlicherweise unserem Kind gewähren, wenn wir gerade Zeit haben, sondern sie ist für jedes Kind von grundlegender Notwendigkeit. Wie ein Kind sich selbst sieht und wie es innerhalb seiner Umwelt angenommen wird, das hängt von der Art und Weise ab, wie ihm diese ungeteilte Aufmerksamkeit gewährt wird. Ohne sie erlebt das Kind eine sich steigende Angst, alles andere könnte wichtiger als es selbst sein. Als Folge ist das Kind weniger selbstsicher und in seinem emotionellen und psychologischen Wachstum gehemmt. Man erkennt solch ein Kind sofort, sowohl im Kinderzimmer als auch im Klassenzimmer. Es hat nicht die Reife von Kindern, deren Eltern sich die Zeit genommen haben, ihr Bedürfnis nach konzentrierter Aufmerksamkeit zu befriedigen. Solch ein bedauernswertes Kind ist meist verschlossen und hat Schwierigkeiten mit Gleichaltrigen. Es ist kaum fähig, Konfliktsituationen zu bewältigen, und reagiert in diesen Fällen höchst unbefriedigend. Auch ist es überaus abhängig von seinen Eltern oder anderen Erwachsenen, mit denen es in Berührung kommt.

Manche Kinder, besonders Mädchen, denen ihre Väter keine konzentrierte Aufmerksamkeit schenken, scheinen sich genau entgegengesetzt zu verhalten. Sie sind gesprächig, gewandt, aufgeregt, oft auf kindliche Art kokett und werden von ihren Kindergarten- und Grundschullehrern als besonders frühreif bezeichnet. Wenn sie älter werden, ändert sich jedoch ihr Verhalten nicht, und es wirkt allmählich unpassend. In der 3. oder 4. Klasse benehmen sie sich gewöhnlich Altersgenossen und Lehrern gegenüber ausgesprochen unangenehm. Aber selbst zu diesem späten Zeitpunkt kann konzentrierte Aufmerksamkeit, besonders von Seiten des Vaters, noch helfen, das selbstzerstörerische Verhalten der Kinder zu verändern, ihre Furcht zurückzubilden und sie in die Lage zu versetzen, den Reifungsprozeß wieder aufzunehmen.

Wie schenkt man konzentrierte Aufmerksamkeit?

Wir haben gesehen, wie lebenswichtig konzentrierte Aufmerksamkeit für ein Kind ist, aber wie erreichen wir das? Ich habe herausgefunden, die beste Art, einem Kind solche Aufmerksamkeit zu schenken, ist, sich die Zeit zu nehmen, mit ihm allein zu sein. Jeder weiß, wie schwierig das ist. Es ist meiner Meinung nach das schwerste an einer guten Erziehung, Zeit für ein Alleinsein mit dem Kind zu finden, fern von jeglicher Ablenkung. Man könnte sagen, dies macht den Unterschied zwischen guten und durchschnittlichen Eltern aus, zwischen opferbereiten und nicht opferbereiten, zwischen mehr und weniger liebevollen, zwischen Eltern, die Prioritäten setzen und solchen, die das nicht tun.

Wir müssen uns klarmachen, eine wirklich gute Kindererziehung verlangt Zeit. Und Zeit zu erübrigen in unserer hektischen Gesellschaft ist schwer, ganz besonders, wenn Kinder dem Fernsehen verfallen sind und lieber ihre Zeit vor dem Bildschirm verbringen. Auch unter diesem Gesichtspunkt ist konzentrierte Aufmerksamkeit so überaus wichtig. Heutzutage werden Kinder mehr als je zuvor in der Vergangenheit von Kräften außerhalb der Familie beeinflußt. Es erfordert eine enorme Anstrengung für den Vater, von seinem ausgefüllten Terminplan Zeit abzuzweigen, aber das Ergebnis ist es wert. Es ist ein wunderbares Gefühl, sein Kind glücklich, in sich ruhend, beliebt bei Altersgenossen und Erwachsenen zu sehen, mit gutem Benehmen und schulischen Fortschritten. Doch alles das entwickelt sich nicht automatisch, es hat seinen Preis. Wir müssen Zeit finden, mit jedem Kind allein zu sein.

John Alexander, der Präsident einer christlichen Vereinigung, hat vier Kinder. Auf einer Konferenz berichtete er kürzlich, wie schwierig es für ihn sei, für jedes von ihnen Zeit zu erübrigen. Er löste das Problem, indem er jeden Sonntagnachmittag mindestens eine halbe Stunde für jedes seiner Kinder freihielt. Jeder muß eben seine eigene Lösung für dieses Problem finden.

Auch für mich ist es schwierig, meine Zeit einzuteilen. Ich versuche, soviel wie möglich für meine Kinder einzuplanen. Vor einiger Zeit z. B. hatte meine Tochter Privatstunden in der Nähe meines Büros, immer Montag nachmittags. Ich plante meine Verabredungen so, daß ich sie hinterher mitnehmen konnte. Dann hielten wir an einem Restaurant und aßen zusammen zu Abend. So war es mir möglich, ihr ohne Störung und Zeitdruck meine volle Aufmerksamkeit zu widmen und mit ihr über das zu sprechen, was ihr auf dem Herzen lag. Nur in dieser Situation des Alleinseins ohne Zeitdruck kann zwischen Eltern und Kind jenes besondere unzerstörbare Verhältnis entstehen, das jedes Kind so dringend nötig hat, um mit den Realitäten des Lebens fertig zu werden. Augenblicke wie diese bleiben ihm im Gedächtnis, wenn das Leben schwierig wird, besonders im Sturm und Drang der Pubertät und bei seinem normalen Streben nach Unabhängigkeit.

In den Augenblicken konzentrierter Aufmerksamkeit haben Eltern auch besondere Gelegenheit zum Augen- und körperlichen Kontakt mit dem Kind. Bei solchen Anlässen sind diese Kontakte von besonders starker und nachhaltiger Bedeutung für das Leben des Kindes.

Natürlich wird es schwieriger, Zeit für konzentrierte Aufmerksamkeit aufzubringen, wenn mehrere Kinder da sind. Ich erinnere mich, wie ich ein siebenjähriges Mädchen beriet. Es hatte zahlreiche Probleme in der Schule und zu Hause, Probleme mit den Schularbeiten, den Schulkameraden, den Geschwistern und dem eigenen oft unreifen Benehmen. Sie haben das Problem wahrscheinlich bereits erraten: Sie hatte neun Geschwister, und ihre Eltern hatten einfach nicht die Zeit, ihr die ungeteilte Aufmerksamkeit, die sie brauchte, zukommen zu lassen. Tatsächlich war den Eltern gar nicht klar, daß dieses Mädchen etwas vermißte, weil alle anderen Kinder gut angepaßt waren. Die Eltern waren Bauern, und während des normalen Tagesablaufs – Melken, Viehfüttern, Pflügen – verbrachten sie genügend Zeit mit jedem einzelnen Kind, so daß Probleme erst gar nicht aufkamen. Durch den natürlichen Verlauf der Dinge, wegen seines Alters, seiner individuellen Pflichten und der Geschwisterfolge mußte ausgerechnet dieses Kind auf die besondere Aufmerksamkeit der Eltern verzichten und fühlte sich infolgedessen vernachlässigt und ungeliebt. Zwar hatten es die Eltern sehr lieb, aber das Kind fühlte es nicht und wußte es daher auch nicht.

Wir sehen an diesem Beispiel, wie wichtig es ist, unsere Zeit zu planen, um jedem Kind die ihm notwendige Aufmerksamkeit zukommen zu lassen. Das ist oft schwierig. In einer Familie mit zwei Kindern ist jeder Elternteil in der Lage, Zeit für eines der Kinder aufzubringen. Bei mehr als zwei Kindern wird das Problem entsprechend größer, und natürlich wird in einer Familie mit nur einem Elternteil die Einteilung noch schwieriger. Doch macht sich sorgfältige Planung stets bezahlt: Wenn z. B. bei drei Kindern zwei Kinder gleichzeitig zu einer Party bzw. zu Verwandten eingeladen sind, bliebe noch ein Kind zu Hause. Ein fürsorglicher Vater, für den die Kinder Priorität haben, würde diese willkommene Gelegenheit nutzen, diesem Kind seine konzentrierte Aufmerksamkeit zu schenken.

Natürlich muß unsere Planung den emotionalen Bedürfnissen eines jeden Kindes Rechnung tragen, oder wir haben das gleiche Problem wie in jener Familie mit den zehn Kindern, über die wir soeben berichteten. Besonders schwierig wird es, wenn wir in der Familie ein anspruchsvolles und ein bescheidenes Kind haben. Hier müssen wir darauf achten, daß nicht das lauteste Kind als erstes berücksichtigt wird. Jedes Kind hat die gleichen Bedürfnisse, ob es sie nun anmeldet oder nicht. Besonders verletzlich in dieser Hinsicht ist ein zurückhaltendes, passives Kind, das außerdem in der Geschwisterfolge in der Mitte steht. Wenn nun seine Geschwister lebhafte und fordernde Kinder sind, werden die Eltern das introvertierte Kind allzuleicht übergehen, bis sich Probleme zeigen.

Man braucht zusätzliche Zeit, wenn man auf unverhoffte Gelegenheiten wartet. Es kann z. B. vorkommen, daß sich ein Vater zufällig mit dem Kind allein findet, während die anderen draußen spielen. Dies wäre dann wieder eine Gelegenheit, den emotionellen Tank des Kindes zu füllen und Problemen vorzubeugen, die sich sonst ergeben würden. Die Dauer der konzentrierten Aufmerksamkeit kann ganz kurz sein, schon ein oder zwei Augenblicke können Wunder bewirken; jeder Moment zählt. Es ist, als ob man Einlagen auf ein Sparkonto einzahlte. Solange die Bilanz gesund ist, ist das Gefühlsleben des Kindes in Ordnung, und es hat nicht so viele Probleme. Hier wird für die Zukunft investiert, speziell für die Jahre der Pubertät.

Jede »Einzahlung« bietet eine Sicherheit mehr, daß die Entwicklungsjahre gesund, angenehm und lohnend für Kind und Eltern verlaufen. Der Einsatz ist hoch. Was ist schlimmer als ungeratene Söhne und Töchter, was beglückender als ein in sich ausgewogener junger Mensch!

Natürlich sind auch längere Perioden konzentrierter Aufmerksamkeit wichtig. Je älter die Kinder werden, umso mehr brauchen sie diese verlängerte Konzentration. Ältere Kinder brauchen mehr Zeit, um warm zu werden, um ihre Abwehrinstinkte abzubauen und um bereit zu sein, andere an ihren innersten Gedanken und Problemen teilhaben zu lassen. Es wird deutlich: Wenn mit dieser konzentrierten Aufmerksamkeit früh genug im Leben des Kindes begonnen wird, dann nimmt es sie ganz natürlich entgegen und findet es viel leichter, die Eltern an seinem Gefühlsleben teilhaben zu lassen. Auf der anderen Seite: Wenn die Zeit für konzentrierte Aufmerksamkeit nicht vorhanden ist, wie kann ein Kind dann lernen, sich bewußt mit seinen Eltern innerlich auszutauschen? Wieder ist der Einsatz hoch. Was ist schlimmer als ein Kind in Not, das seine Gefühle nicht mitteilen kann! Was ist schöner für ein Kind als die Möglichkeit und Fähigkeit, sich mit allen Problemen an seine Eltern wenden zu können!

Alles das ist schwierig und erfordert Zeit. Doch habe ich viele Menschen kennengelernt, die wie ich Mittel und Wege dafür gefunden haben. Ich erinnere mich an einen Schriftsteller, der mit mir über diese Dinge sprach. Er setzt auf seinem Terminkalender bestimmte Stunden fest, die er mit der Familie verbringt, und wenn jemand anruft und ihn um einen Vortrag für den betreffenden Zeitpunkt bittet, erklärt er höflich, er habe bereits eine andere Verpflichtung.

Eine andere besonders ansprechende Idee war die Verteilung von Wimpeln an jedes Familienmitglied. Jeder Wimpel entsprach in seinem Entwurf der Persönlichkeit des jeweiligen Mitgliedes und trug gut sichtbar dessen Namen. Die Kinder erhielten den Wimpel gewöhnlich zum Geburtstag. Später wurde er dann bei besonderen Gelegenheiten auf der Fahnenstange vor dem Haus gehißt, etwa bei Geburtstagen, bei der Heimkehr eines Kindes von einer längeren Fahrt oder bei der Abreise ins College. Dies ist ein Beispiel für indirekte konzentrierte Aufmerksamkeit.

Konzentrierte Aufmerksamkeit im Beisein anderer

Wir erwähnten schon, daß konzentrierte Aufmerksamkeit dem Kind meist dann zuteil wird, wenn man allein mit ihm ist und nicht im Beisein anderer Familienmitglieder. Wenn das auch richtig ist, so gibt es doch Gelegenheiten, wo Ausnahmen gemacht werden müssen. Das trifft vor allem dann zu, wenn ein Kind krank ist, wenn es einen seelischen Schmerz erlitten hat oder aus irgendeinem traurigen Grund eine Art Rückschritt durchgemacht hat – mit Rückschritt meine ich, daß es seine Gedanken und Gefühle nicht ganz beherrschen kann.

Ich möchte dies durch ein Beispiel verdeutlichen. Eines Tages baten mich tief besorgte Eltern um Rat, ihren zwölfjährigen Sohn Tim betreffend. Sein Vetter, auch ein Junge von zwölf Jahren, lebte neuerdings bei ihnen. Der Vetter war ein sehr lebhaftes Kind, das Tim völlig überlagerte, indem er die Aufmerksamkeit der Eltern ständig auf sich zog. Tim fühlte sich durch diesen geltungsbedürftigen Vetter beiseitegeschoben, zog sich in sich selbst zurück, wurde depressiv und war gelegentlich gar nicht ansprechbar. Natürlich riet ich den Eltern, beiden Jungen, sowohl Tim als auch dem Vetter, ihre konzentrierte Aufmerksamkeit zu schenken, und zwar jeweils beiden allein. Doch der Vetter dominierte weiterhin in jeder Situation, wenn die Jungen zusammen waren. Als nächstes riet ich den Eltern, jedem Jungen diese konzentrierte Aufmerksamkeit zuzuwenden, wann immer der Vetter allzusehr dominierte. Die Eltern taten das, indem sie sich direkt an Tim wandten, wenn er sprechen wollte. Sie gaben ihm dann den vollen Augen- und Körperkontakt, wenn es zu seinen Äußerungen paßte. Wenn Tims Vetter sprach, verhielten sich die Eltern ihm gegenüber entsprechend.

Diese Art der konzentrierten Aufmerksamkeit wirkt sich gewöhnlich nur dann günstig aus, wenn ein Kind die volle konzentrierte Aufmerksamkeit nur für sich allein erfährt. Übrigens habe ich Lehrern diese einfachen Prinzipien übermittelt, die daraufhin ihren Unterricht und ihre Einstellung zum Kind revolutioniert haben.

Das Prinzip der konzentrierten Aufmerksamkeit ist zeitraubend, schwierig bei der beständigen Durchführung und oft belastend für bereits erschöpfte Eltern. Aber es ist das wirkungsvollste Mittel, den emotionellen Tank des Kindes gefüllt zu halten und in seine Zukunft zu investieren.

7. Angemessene und unangemessene Liebe

Ich möchte zunächst über die Kontroverse sprechen, die im Begriff »zu viel Liebe« liegt. Einerseits wird behauptet, daß zu viel Liebe ein Kind verdirbt, andererseits, daß man ein Kind gar nicht genug lieben kann. Die Unklarheit auf diesem Gebiet veranlaßt die Verfechter beider Richtungen, ganz extreme Einstellungen zu vertreten. Viele aus der ersten Gruppe sind autoritäre Erzieher, während die Vertreter der zweiten Gruppe allzu nachgiebig sind.

Ich will versuchen, das Problem im Licht der angemessenen Liebe noch einmal zu durchleuchten. Das Bild wird wahrscheinlich klarer, wenn wir diese Liebe als die Zuwendung definieren, die einem Kind gesundes Wachstum schenkt und seine emotionale Entwicklung und Selbstsicherheit begünstigt. Wir können uns dann an den Grundsatz halten, daß ein Kind angemessene Liebe im Überfluß braucht, nicht aber unangemessene.

Unangemessene Liebe

Diese unangemessene Liebe können wir als eine Zuneigung definieren, die das emotionale Wachstum des Kindes behindert, weil sie nicht seinen Bedürfnissen entspricht und weil sie eine zunehmende Abhängigkeit von den Eltern zur Folge hat und dadurch die Bildung des Selbstvertrauens verhindert. Die vier häufigsten Arten der unangemessenen Liebe sind die besitzergreifende, die verführende, die stellvertretende Liebe und der Rollentausch. Betrachten wir sie nacheinander.

Die besitzergreifende Liebe

Die besitzergreifende Liebe ist die Tendenz, das Kind in zu großer Abhängigkeit von den Eltern zu halten. Paul Tournier, ein bekannter schweizer Psychotherapeut, behandelt das Thema in seinem Artikel »Die Bedeutung besitzergreifender Liebe«. Er stellt fest, daß beim kleinen Kind die Abhängigkeit »ganz offensichtlich und beinahe vollständig« ist. Wenn aber diese Abhängigkeit beim Älterwerden des Kindes nicht abnimmt, so hemmt sie die Entwicklung seines Gefühlslebens. Viele Eltern versuchen, ihre Kinder in diesem Zustand der Abhängigkeit zu halten. Dr. Tournier meint, sie täten das durch »Suggestion oder durch emotionale Erpressung« oder indem sie ihre Autorität dazu benutzen, auf Gehorsam zu bestehen. Es ist *ihr* Kind. Sie haben ein Anrecht auf dieses Kind, weil es ihnen gehört. Solche Eltern können wir als besitzergreifend bezeichnen; sie behandeln ihr Kind als Objekt oder Eigentum, das man besitzt, und nicht als Persönlichkeit, die in ihre eigenen Rechte hineinwächst und nach und nach unabhängig und selbstsicher werden muß.

Die Eltern müssen dem Kind die Möglichkeit lassen, eine eigene Persönlichkeit zu werden. Das bedeutet natürlich nicht, daß keinerlei Grenzen gesetzt werden und alles erlaubt ist. Jedes Kind braucht Leitung und Disziplin. Es bedeutet, ein Kind zu ermutigen, selbständig zu denken, spontan zu handeln und zu erkennen, daß es eine eigenständige Persönlichkeit ist, die immer mehr die eigene Verantwortung übernehmen soll.

Wenn Eltern das Recht des Kindes, allmählich unabhängig zu werden, nicht anerkennen, können zwei Dinge geschehen. Entweder wird dann das Kind allzu abhängig und gefügig und lernt nicht, wie es mit der Welt fertig werden soll. Es kann z. B. leicht dem Einfluß starker, autoritärer Persönlichkeiten oder Gruppen, wie der Moon-Sekte, verfallen. Oder aber es kommt zu einer Entfremdung zwischen Eltern und Kind, wenn es älter wird und die elterliche Führung ablehnt.

Man sollte, wie Dr. Tournier sagt, »haben als hätte man nicht«, das ist die Botschaft der Bibel. Der Mensch kann niemals etwas wirklich besitzen, er ist nur gleichsam der Verwalter der Güter, die Gott ihm anvertraut hat, denn »die Erde ist des Herrn und was darinnen ist« (1. Kor. 10, 26).

Natürlich haben alle Eltern ein gewisses Besitzgefühl. Aber wir müssen uns bemühen, erstens uns über dieses Besitzgefühl klar zu sein, zweitens es von den eigentlichen Sorgen um das Wohlergehen des Kindes zu trennen, vor allem von dem Bedürfnis des Kindes, Selbstsicherheit zu gewinnen, drittens uns dieses Besitzgefühl ständig vor Augen zu halten und viertens diesem Gefühl zu widerstehen.

Die verführende Liebe

Die zweite Art, Liebe in unangemessener Form auszudrücken, ist die Verführung. Natürlich ist es schwierig, über dieses Thema zu schreiben, weil es nicht einfach zu erläutern ist. Der Begriff scheint die ganze Skala von der Verlockung zur sexuellen Erfahrung bis hin zur Schändung zu umfassen.

Wenn man das Thema direkt angehen will, so scheint es mir ausreichend zu sein, diese verführende Liebe als den Versuch zu definieren, bewußt oder unbewußt bei einem Zusammensein mit dem Kind sinnlich-sexuelle Erregungen zu erlangen.

Ein Beispiel wurde kürzlich in einem Seminar für Kinderpsychiatrie diskutiert. Ein siebenjähriges Mädchen wurde in einer psychiatrischen Klinik wegen häufiger Masturbation und schlechter Leistungen in der Schule untersucht. Die Auswertung des Falles ergab, daß das Kind sich häufig Träumereien hingab, die Mutter sei tot, und es lebte mit dem Vater allein. Es wurde außerdem festgestellt, daß der Vater sich viel Zeit nahm, das Kind im Arm zu halten und es zu liebkosen auf eine Art, die sowohl dem Vater als auch dem Kind sinnliches Vergnügen zu bereiten schien.

Als dem Vater diese Tatsachen schonend beigebracht wurden, erwiderte er: »Meine Güte, jetzt wird mir etwas klar, wenn ich ihr beim gemeinsamen Duschen die Seife abspüle, dann reagiert sie schon wie eine richtige Frau.« Dies war also ein Fall, in dem die Liebe des Vaters offensichtlich verführerisch wirkte. Anscheinend war ihm jedoch nicht völlig klar, was er tat. Wie in fast allen derartigen Fällen waren die ehelichen Beziehungen in dieser Familie nicht in Ordnung. In Familien, in denen die Ehe nicht gesund ist, ist eine derartige verführende Liebe nichts Ungewöhnliches, obgleich sie meist nicht so weit geht.

Aufschlußreich ist auch dieser Brief an Ann Landers, der in einem Artikel ihres Blattes vom 28. 12. 76 erschien: »Liebe Ann Landers, mir ist nicht ganz klar, ob das Folgende ein Problem ist oder nicht. Es handelt sich um unsere hübsche zwölfjährige Tochter. Ich habe schon öfter Mädchen gesehen, die ganz verrückt nach ihrem Vater waren, aber niemals so etwas wie bei uns. Donna sitzt bei jeder Gelegenheit neben ihm oder auf seinem Schoß. Sie halten Händchen und benehmen sich wie alberne Kinder. Sie hängt sich an seinen Arm, oder sie gehen eng umschlungen. Ist das normal?

gez. Eine bekümmerte Mutter.«

Falls Sie Eltern einer frühentwickelten Tochter sind, was würden Sie über diesen Brief denken? Erscheint er Ihnen angebracht oder nicht? Wären Sie auch beunruhigt? Was würden Sie unternehmen?

Die Antwort von Ann Landers lautet: »Liebe b. M., mir scheint auch, daß da zu viel berührt und gestreichelt wird. Heutzutage ist ein Mädchen von zwölf Jahren eher eine junge Frau als ein Kind. Natürlich muß jemand mit Donna sprechen, aber es wäre besser, wenn nicht Sie es täten. Vielleicht könnte eine verständnisvolle Verwandte oder eine erwachsene Freundin Donna beibringen, daß es nicht passend und auch nicht gesund für ein junges Mädchen ist, ständig soviel physischen Kontakt mit seinem Vater zu haben. Sicher ist ihr Benehmen auch schon anderen aufgefallen. – Wenn Sie keine geeignete Persönlichkeit finden, die das Ihrer Tochter taktvoll aber energisch klarmachen kann, würde ich mich auf jeden Fall an einen Psychologen wenden. Mir scheint es besser zu sein, mit Donna zu sprechen als mit Ihrem Mann, der verletzt und ablehnend sein könnte.«

Ich möchte auf Anns Antwort eingehen. Zunächst stimme ich ihr zu, hier scheint es wirklich zu viel körperlichen Kontakt zu geben, und zwar verführerischer Art. Jedoch ist das ganze vom Standpunkt der Mutter aus gesehen, und es scheint mir eindeutig zu sein, daß die ehelichen Beziehungen unbefriedigend sind. Weder wir noch Ann können also beurteilen, ob hier wirklich so etwas wie eine sexuelle Verführung vorliegt oder nicht. Vielleicht ist die Situation ähnlich wie die am Ende des 2. Kapitels, wo die Mutter eifersüchtig auf das gute Verhältnis zwischen Tochter und Vater ist.

Nehmen wir einmal an, die Beziehung hier ist tatsächlich verführerischer Art. Würden Sie dann einem zwölfjährigen Mädchen andeuten, daß sein eigener Vater sich ihm gegenüber sexuell anstößig verhielte? Achtung vor den Eltern ist heute schwer genug zu finden, ohne daß man sie noch weiter untergraben sollte.

Nichtsdestotrotz muß hier eine Anmerkung zu Anns Antwort gemacht werden, denn sie verdeutlicht die heutige allgemeine Einstellung zu Kindern und die Liebe zu ihnen. Ihr Rat war, ihr Vater solle seine Liebe besser überhaupt nicht zeigen als in unangemessener Form. Wir haben bereits gesehen, wie wesentlich der körperliche Kontakt für ein Kind in der Vorpubertät ist. Dieser spezielle Vater erwies ihn nicht auf korrekte Art und Weise. Sollte man daraufhin den körperlichen Kontakt völlig ablehnen?

Ich fürchte, diese Reaktion wird allgemein von unserer Gesellschaft bejaht. So ist man der Meinung, weil einige Eltern ihre Kinder verführend behandeln, solle der körperliche Kontakt auf ein Minimum beschränkt oder sogar ganz vermieden werden. Das wäre genau das gleiche, als ob man überhaupt nichts mehr oder nur ganz wenig essen würde, weil man einen besonders dicken Menschen gesehen hat.

Ein anderer Grund, warum viele Eltern leider den körperlichen Kontakt mit ihren Kindern meiden, ist, daß sie vielleicht tatsächlich eine gewisse sexuelle Reaktion empfinden. Das kann allen Eltern passieren, besonders Vätern älterer Töchter. Das ist wirklich ein Dilemma. Einerseits sind Liebe und körperlicher Kontakt etwas ganz Wesentliches für das Kind, andererseits fühlen sich die Eltern dabei unbehaglich und fürchten, es wäre verkehrt und würde dem Kind vielleicht schaden.

Ich glaube, es wäre eine große Hilfe für viele liebevolle Eltern, wenn sie sich auf diesem schwierigen Gebiet klarmachten: 1. Jedes Kind braucht unabhängig von seinem Alter angemessenen körperlichen Kontakt. 2. Gelegentliche sexuelle Gefühle oder flüchtige Phantasien dem Kind gegenüber sind normal. 3. Eltern sollten diese Gefühle einfach ignorieren und dem Kind geben, was es braucht, einschließlich des angemessenen nichterotischen, physischen Kontakts.

Ist es bei soviel Verwirrung ein Wunder, daß sich so wenige Kinder wirklich und bedingungslos geliebt fühlen? – Eine weitere Furcht vieler

Eltern in Bezug auf die Verführbarkeit ist die Gefahr der Homosexualität. Es scheint der Irrtum zu bestehen, zu viel Liebe zwischen Mutter und Tochter bzw. Vater und Sohn könnte zu Homosexualität führen; aber genau das Gegenteil ist der Fall.

Bei meiner Arbeit an Schulen kommen nicht selten Lehrer zu mir und äußern diese Bedenken. Eine Lehrerin fragte mich kürzlich: »Dr. Campbell, ich liebe meine Tochter sehr, küsse sie oft und auch auf den Mund. Wird sie dadurch lesbisch?« Nachdem ich ihr noch einige Fragen gestellt hatte, um sicher zu gehen, daß die Beziehung nichts Krankhaftes an sich hatte, antwortete ich ihr: »Bleiben Sie dabei.«

Zwei Beispiele

Ich möchte noch zwei weitere Beispiele anführen. Das zweite Beispiel will zeigen, was angemessene Liebe einschließlich des körperlichen Kontaktes für die geschlechtliche Identität eines Kindes zu tun vermag. Dagegen behandelt das erste Beispiel, was geschieht, wenn diese Art der Liebe fehlt.

Das erste Beispiel handelt von Rusty, einem sehr guten Freund von mir, Ausbilder im U.S.-Marine-Korps, der derb, zäh und »ganz Mann« ist. Er und seine sehr warmherzige, sensible Frau haben vier Jungen, wie die »Orgelpfeifen«. Rusty beschloß, seine Jungen sollten so werden wie er, zähe und rauhe Männer. Er behandelte sie wie seine Marinerekruten mit harter, starrer Disziplin, ohne Zärtlichkeit, verlangte unbedingten Gehorsam und ließ keine Fragen zu.

Ihre Reaktion hierauf würde mich interessieren. Wie, glauben Sie, haben sich diese Jungen entwickelt? Ob sie dem Beispiel ihres Vaters folgen und »ganze Männer« werden?

Als ich diese Jungen das letzte Mal sah, machte jeder von ihnen einen absolut femininen Eindruck. Ihr Gehabe, ihre Sprache, ihre Erscheinung war die von Mädchen. Das sollte uns keineswegs überraschen, ich beobachte so etwas täglich. Jungen mit herben, abweisenden, nicht liebevollen Vätern werden gewöhnlich weich und unmännlich.

Nun zum zweiten Beispiel. Vor einigen Jahren hatten wir einen Pfarrer, einen großen Mann mit zerfurchtem Gesicht, dessen Gegenwart allein schon Aufmerksamkeit verlangte. Er hatte aber ein warmes, liebevolles Gemüt. Sein Sohn war damals drei Jahre alt, also im gleichen Alter wie mein Sohn David, aber einen Kopf größer und zwanzig Pfund schwerer, dem Vater wie aus dem Gesicht geschnitten. Unser Pfarrer liebte seinen Sohn herzlich und war sehr liebevoll zu dem Kind; Umarmungen, Küsse und Ringkämpfe waren an der Tagesordnung. – Die Frage ist nun, wie sich der Junge entwickelt hat, ob er in seines Vaters Fußstapfen trat. Ja, der kleine Bursche wurde genau wie sein Vater. Er hatte ein ausgeprägtes

Geschlechtsbewußtsein, war in sich gefestigt, ein glückliches, liebenswertes und durchaus jungenhaftes Kind. Mit einem derartigen Vater wird es sich gut in der Welt zurechtfinden.

Falls diese beiden Beispiele noch nicht zu überzeugen vermögen, daß ein Überfluß an angemessener Liebe nicht nur erlaubt, sondern von jedem Kind, sei es Junge oder Mädchen, gebraucht wird, möchte ich noch eine Erkenntnis hinzufügen. Während der Jahre meines Studiums und der praktischen Tätigkeit habe ich nie einen sexuell fehlorientierten Menschen kennengelernt, der einen warmherzigen, liebevollen Vater hatte.

Nach den hier mehrfach aufgezeigten Irrtümern sind also nur wenige Eltern in der Lage, ihren Kindern emotional gerecht zu werden. Obwohl sie genug Liebe im Herzen haben, ist in der Praxis wenig davon zu spüren. Ich bin überzeugt: Wenn erst einmal diese Irrtümer korrigiert sind und die Eltern verstehen lernen, was ein Kind braucht, werden die meisten in der Lage sein, dem Kind den Überfluß an angemessener Liebe zu schenken, den es nötig hat.

Die stellvertretende Liebe

Die dritte Art der unangemessenen Liebe, die am häufigsten vorkommt, ist Liebe als eine Art Ersatzgefühl. Das bedeutet, sein eigenes Leben und seine Träume durch das Kind verwirklicht zu sehen. Eine der schlimmsten Formen solcher Stellvertretung liegt vor, wenn eine Mutter ihre eigenen romantischen Phantasien und Sehnsüchte durch ihre Tochter neu zu erleben versucht. Eine Mutter tut das, indem sie ihre Tochter in Beziehungen und Situationen hineinlockt, die sie selber gern durchleben würde.

Ein Schlüssel zu diesem Phänomen wäre das besessene Interesse der Mutter an intimen Details der Rendezvous-Erfahrungen ihrer Tochter, wobei sie sich sinnlich erregt, wenn ihre Tochter davon berichtet. Das Zerstörerische dieses Vorgehens ist augenfällig. Ein Kind kann in Situationen hineingeraten, mit denen es aus Mangel an Reife und Erfahrung nicht fertig wird. Eine Schwangerschaft wäre eine mögliche Konsequenz. Eine weitere häufige Auswirkung wäre für das Kind ein schlechter Ruf. Dieser könnte das Selbstbewußtsein und den Selbstrespekt des Kindes auf Lebenszeit verletzen.

Diese Art von Ersatzerleben kann auch zwischen Vater und Sohn mit gleichen Konsequenzen vorkommen. Ein Vater, der seine eigene Potenz in den Eroberungen seines Sohnes auslebt, schadet nicht nur dem Sohn, sondern auch anderen, die zu seinem Leben gehören. Auf diese Weise wird der Junge beeinflußt, Frauen schlechthin als Sexualobjekte zu sehen. Es wird ihm schwerfallen, Frauen als gleichberechtigte Persönlichkeiten mit eigenen Gefühlen anzuerkennen.

Natürlich gibt es viele Spielarten der stellvertretenden Liebe. Die soeben geschilderte ist besonders destruktiv.

Ein weiteres Beispiel stellvertretender Liebe wäre ein Vater, der seinen Sohn dazu benutzt, seinen eigenen sportlichen Ehrgeiz zu befriedigen. Um dieses Phänomen in Aktion zu sehen, braucht man nur das nächste lokale Baseball-Spiel zu besuchen. Ein auf Ersatzerlebnis ausgerichteter Vater nimmt vom Gefühl her derartig intensiv an dem Spiel teil, als ob er selbst mitspielte. Man kann beobachten, wie er auf den Schiedsrichter wütend wird, wenn dieser gegen seinen Sohn entscheidet. Am schlimmsten ist es, wenn solch ein Vater den Sohn beschimpft und heruntermacht, weil ihm ein Fehler passiert ist.

Dies bringt uns das alte Problem der bedingten Liebe zum Bewußtsein: Je mehr wir zu diesem stellvertretenden Verhältnis unseren Kindern gegenüber neigen, umso mehr hängt auch unsere Liebe zu ihnen von der Tüchtigkeit ab, mit der sie unseren eigenen Ehrgeiz befriedigen.

Wir müssen uns dieser Tatsache stellen. Im Grunde neigen wir bis zu einem gewissen Grade alle zum stellvertretenden Erlebnis. – Im letzten Sommer stellten wir fest, daß unser achtjähriger Sohn ein recht guter Baseballspieler ist. Als ich ihn so beim Spiel beobachtete, erinnerte ich mich auf einmal an meine eigene Baseball-Karriere, wie ich verzweifelt versucht hatte, in die bessere Mannschaft aufzusteigen. Der Kummer und die Enttäuschung, das nicht zu erreichen, war plözlich wieder da, als ich sah, wie gut David spielte – ich möchte wissen, warum. Jedenfalls wäre es ein schwerer Fehler zu versuchen, meinen verlorenen Traum stellvertretend durch meinen Sohn zu verwirklichen. Man sollte besser auf sich achtgeben.

Eine derartige stellvertretende Liebe wird zur Gefahr, wenn unser Gefühl vom Verhalten des Kindes abhängt, also nur eine bedingte Liebe ist. Wir Eltern dürfen die Art der Liebe, die das Kind von uns empfängt, nicht von unseren eigenen Hoffnungen, Sehnsüchten und Träumereien abhängig machen.

Stellvertretende Liebe muß als eine Art Besitzbewußtsein angesehen werden, falls sie uns veranlaßt, Kinder als den Besitz zu betrachten, der unsere eigenen Träume erfüllen soll. Wie kann ein Kind in seine eigenen Rechte hineinwachsen, selbständig und selbstbewußt werden in einer derartigen Situation?

Unsere Liebe zum Kind darf von keinerlei Bedingung abhängig sein. Wir müssen unser Kind so lieben, daß es sein Leben nach Gottes Plan einrichten kann und nicht nach unseren eigenen ehrgeizigen Vorstellungen.

M. A. Morris und R. W. Gould haben den Rollentausch in einer Veröffentlichung der Liga für Kinderwohlfahrt aus dem Jahre 1963 beschrieben. Sie definieren diesen Begriff als Umkehrung der Abhängigkeitsrolle, wobei Eltern versuchen, von ihren Kindern Schutz und Liebe zu erhalten.

Brandt Steele und Carl Pollock geben in dem Buch »Das mißhandelte Kind«, Chikago 1974, ebenfalls eine Darstellung dieses Rollentausches. Sie stellen fest: »Diese Eltern erwarten und verlangen sehr viel von ihren kleinen und größeren Kindern. Die Erwartung ist nicht nur zu groß, sondern sie überfordert das Kind, sie geht eindeutig über das Verständnis des Kindes für das hinaus, was von ihm erwartet wird und was es entsprechend tun soll. Diese Eltern gehen mit dem Kind um, als ob es viel älter wäre, als es tatsächlich ist. Beobachten wir diese Wechselbeziehung, so erhalten wir ganz klar den Eindruck, daß der Vater oder die Mutter sich in jeder Weise unsicher fühlt und das Kind als Quelle des Trostes, der Bestätigung und der liebenden Erwiderung ansieht. Es ist kaum übertrieben zu sagen, die Eltern verhalten sich wie verängstigte, ungeliebte Kinder, die auf das eigene Kind schauen wie auf einen Erwachsenen, der in der Lage ist, Trost und Liebe zu spenden.

Hier gehen zwei Grundelemente ineinander über: hohe Erwartungen und Verlangen nach Zuwendung des Kindes und auf der anderen Seite Mißachtung der Bedürfnisse, der begrenzten Fähigkeiten und der Hilflosigkeit des Kindes. Eine verhängnisvolle, falsche Einschätzung des Kindes durch die Eltern.«

Rollentausch dieser Art ist der Anfang des Kindesmißbrauchs. Ein in diesem Sinne schuldiger Elternteil erwartet, daß das Kind seine emotionalen Wünsche erfüllen wird und daß er ein Recht auf Trost und Zuwendung durch sein Kind hat. Ist das Kind dem nicht gewachsen, dann fühlt er sich berechtigt, es zu strafen.

Kindesmißbrauch ist die extreme Form des Rollentausches, aber alle Eltern üben ihn bis zu einem gewissen Grade aus. Zuweilen erwarten wir von unseren Kindern Trost und Zuwendung. Das geschieht gewöhnlich, wenn wir uns entweder körperlich oder seelisch nicht wohlfühlen; vielleicht leiden wir unter Depressionen, sind krank, geistig oder physisch erschöpft. In solchen Augenblicken haben wir wenig oder gar keine emotionellen Reserven für unser Kind. Es wäre dann äußerst schwierig, ihm den Augen- und körperlichen Kontakt und die konzentrierte Aufmerksamkeit zu geben. Wenn unsere physischen oder emotionellen Reserven erschöpft sind, brauchen wir selber Zuwendung. Es ist schwer zu geben, wenn man selber nichts hat. In dieser Verfassung macht man leicht den Fehler, von seinem Kind Trost, Bestätigung, Nachgiebigkeit, Reife und passiven Gehorsam zu erwarten. Dies sind aber nicht die charakteristischen Eigenschaften eines normalen Kindes. Wenn man ihm diese ihm nicht entsprechende Rolle aufzwingt, wird sich das Kind nicht normal entwickeln. Die Zahl der möglichen Störungen, die sich daraus ergeben können, ist endlos.

Wir Eltern dürfen nicht zulassen, daß eine derartige Situation entsteht. Wir müssen begreifen, daß die Zuwendung von uns ausgehen muß und daß das Kind sie empfängt. Sind wir dazu einmal nicht in der Lage, müssen wir uns möglichst schnell zu überwinden versuchen. Und bis wir fähig sind, diese wesentliche elterliche Verantwortung wieder zu übernehmen, dürfen wir nicht unseren Kindern die elterliche Rolle zumuten. Natürlich können sie uns helfen, soweit sie dazu fähig sind, sie können einkaufen und Botengänge machen, wenn wir krank sind, aber wir dürfen von ihnen nicht seelische Betreuung erwarten.

Wir sollten unter allen Umständen solche Perioden zu vermeiden suchen, in denen wir nicht fähig sind, uns unseren Kindern zuzuwenden. Das verlangt von uns, auch auf unseren Körper besser zu achten, um Krankheit und Erschöpfung zu vermeiden; dazu gehört eine vernünftige Diät, viel Ruhe und viel Bewegung. Auch müssen wir durch Hobbys oder andere belebende Aktivitäten für unser seelisches Gleichgewicht sorgen, um Depressionen oder geistiger Erschöpfung vorzubeugen. Ferner sollten wir durch genügend Zeit für Gebet und Andacht unser geistiges Leben frisch und angeregt halten. Höchst wichtig ist es weiter, unsere Ehen gesund und gefestigt zu erhalten. Der Ehepartner muß die zweite Priorität in unserem Leben darstellen und die Kinder unmittelbar die dritte. Denken wir immer daran: Wir können unserem Kind mehr geben, wenn wir, was Geist und Gemüt betrifft, immer aus dem Vollen schöpfen können. Und das hat zur Voraussetzung, daß wir Prioritäten setzen und zielstrebig planen.

Man soll das Kind nicht mit dem Bade ausschütten

Wir haben die vier häufigsten Arten der unangemessenen Liebe und einige der üblichen Fehlauffassungen behandelt. Natürlich wollen wir solche Arten von Fehlverhalten möglichst vermeiden, da sie weder für das Kind noch für die Eltern gut sind.

Jedoch dürfen wir hierbei nicht das Kind mit dem Bade ausschütten, indem wir einen noch schlimmeren Fehler begehen und dem Kind die ihm angemessene Liebe vorenthalten. Das ist der am meisten vorkommende Fehler in der Kindererziehung. Viel mehr Kinder leiden durch das Fehlen der angemessenen Liebe als dadurch, daß sie der unangemessenen ausgesetzt sind.

Angemessene Liebe dient dem Glück und Wohlbefinden des Kindes, nicht angemessene den oft abnormen Wünschen und Hemmungen der Eltern.

Wir müssen uns das klarmachen: Unsere Kinder haben besondere Bedürfnisse, die nur wir Eltern erfüllen können. Wenn wir dies nicht tun, ihren emotionellen Tank nicht gefüllt halten, wenn wir ihnen nicht einen Überfluß an Augen- und körperlichem Kontakt sowie konzentrierter Aufmerksamkeit in angemessener Form verschaffen können, dann sollten wir uns lieber helfen lassen, und zwar schnell. Je länger wir warten, umso schlimmer wird die Situation.

8. Disziplin – Was ist das?

Ich halte in regelmäßigen Abständen für kirchliche und andere Gruppen Seminare über die Eltern-Kind-Beziehung. Dabei behandele ich das Thema ähnlich wie in diesem Buch. Zuerst sprechen wir drei bis vier Stunden darüber, wie wir unser Kind lieben sollen, bis wir dann das Problem der Disziplin behandeln. Nach zwei oder drei Stunden kommt jedesmal ein Vater oder eine Mutter zu mir und fragt: »Bis jetzt fand ich Ihre Ausführungen recht interessant, aber wann kommen wir zur Disziplin? Das ist mein Hauptproblem, und dafür brauche ich Ratschläge.«

Für gewöhnlich hat dieser Vater bzw. diese Mutter eine falsche Vorstellung von dem Verhältnis Liebe/Disziplin und dem Sinn der Disziplin. Für sie sind Liebe und Disziplin streng voneinander getrennt, als ob es sich um zwei völlig verschiedene Dinge handelte. Kein Wunder, daß sie verunsichert sind und Probleme haben, ihr Kind richtig zu erziehen.

Eltern, die diese Begriffe falsch verstehen, nehmen im allgemeinen an, Disziplin bedeute Bestrafung oder sogar Züchtigung. Diese Ansicht ist vollkommen falsch. Allen Eltern gegenüber kann ich nur immer wieder betonen, Liebe und Disziplin kann man nicht trennen, und Bestrafung ist nur ein Teilaspekt der Disziplin.

Die Grundvoraussetzung für richtige Kindererziehung ist: Wir müssen dem Kind das Gefühl geben, geliebt zu werden. Dies ist die Vorbedingung für gute Disziplin, natürlich umfaßt das nicht alle Aspekte, aber es ist der wichtigste.

Das, worüber ich bis jetzt in diesem Buch gesprochen habe, sind die entscheidenden Voraussetzungen für gute Disziplin. Daher müssen wir sie unbedingt berücksichtigen, wenn wir mit unserer Erziehung erfolgreich sein wollen. Es wäre sinnlos weiterzulesen, wenn Sie nicht bereit wären, das Gelesene auch anzuwenden und den emotionellen Tank Ihres Kindes zu füllen. Wenn Sie Ihrem Kind nicht durch angemessenen häufigen Augen- und körperlichen Kontakt und durch konzentrierte Aufmerksamkeit das Gefühl geben, es würde geliebt, dann sollten Sie dieses Buch weglegen. Die Ergebnisse würden Sie doch nur enttäuschen.

Es ist barbarisch und ganz unbiblisch, irgendwelche Techniken zur Kontrolle des kindlichen Benehmens ohne das Fundament bedingungsloser Liebe anzuwenden. Sie können zwar ein gut erzogenes Kind haben, solange es klein ist, aber auf die Dauer werden die Erziehungsergebnisse Sie doch entmutigen. Nur eine gesunde, auf Liebe gegründete Beziehung übersteht alle Stürme des Lebens.

Zu Beginn sollten wir uns die Definition für Disziplin genauer ansehen. Was besagt sie? Auf dem Gebiet der Kindererziehung bedeutet Disziplin das geistige und charakterliche Training eines Kindes, um es zu befähigen, Selbstbeherrschung zu lernen und ein wertvolles Glied der Gesellschaft zu werden. Was gehört noch dazu? Disziplin umfaßt das Training sämtlicher Kommunikationsmöglichkeiten, z. B. Führung durch Vorbild und Nachahmung, mündliche und schriftliche Weisungen, das Lehren, die Schaffung von Lern- und Spielerfahrungen. Die Aufzählung ließe sich beliebig fortsetzen.

Auch Strafe gehört auf diese Liste, aber sie stellt nur eine der vielen Möglichkeiten der Disziplin dar, und zwar die negativste und primitivste. Trotzdem müssen wir sie leider hin und wieder anwenden; später werden wir noch dazu Stellung nehmen. Jetzt betonen wir noch einmal, daß Hinführung zu richtigem Denken und Tun jeder Bestrafung weit überlegen ist.

Im Hinblick auf die klare Definition von Disziplin wollen wir sie noch einmal gedanklich in Beziehung zur bedingungslosen Liebe setzen. Disziplin ist sehr viel leichter durchführbar, wenn sich ein Kind wahrhaft geliebt fühlt. Es möchte sich nämlich mit seinen Eltern identifizieren können, und das gelingt nur, wenn es weiß, es wird geliebt und akzeptiert. Nur dann erkennt es die Autorität seiner Eltern willig und widerstandslos an.

Fühlt sich ein Kind jedoch nicht wirklich geliebt und akzeptiert, so hat es echte Schwierigkeiten, sich mit seinen Eltern und ihren Wertvorstellungen zu identifizieren. Ohne eine starke, liebevolle Bindung an sie reagiert ein Kind auf die elterliche Autorität mit Ärger, Feindseligkeit und Trotz. Es sieht jede Bitte oder Anordnung der Eltern als Zumutung an und versucht, sich dagegen zu sträuben. In schweren Fällen reagieren Kinder auf elterliche Bitten so trotzig, daß sie in Opposition zur elterlichen und manchmal auch zu überhaupt jeder Autorität geraten und genau das Gegenteil dessen tun, was man von ihnen erwartet. Diese allgemeine Entwicklung nimmt in unserem Lande alarmierende Ausmaße an, und auch Kinder aus christlichen Familien bleiben davon nicht unberührt.

Ich hoffe, Sie haben erkannt, wie enorm wichtig bedingungslose Liebe für die Erziehung zu guter Disziplin ist. Je voller der »emotionelle Tank« unseres Kindes ist, desto besser wird es auch auf Disziplin ansprechen, je leerer er ist, desto weniger wird es für Disziplin zugänglich sein.

Ein Aspekt der angemessenen Liebe, den wir noch nicht angesprochen haben, ist die konzentrierte Aufmerksamkeit. Konzentrierte Aufmerksamkeit bedeutet, dem Kind die Gewißheit geben, daß das, was es sagen wollte, auch wirklich verstanden worden ist. Wenn Ihr Kind weiß, die Eltern verstehen seine Wünsche und Gefühle, wird es viel eher bereit sein, positiv auf disziplinarische Maßnahmen zu reagieren, auch wenn sie ihm vielleicht nicht gefallen. Nichts ist frustrierender für ein Kind, als etwas tun zu müssen mit dem Gefühl: meine Eltern wollen meine Position nicht verstehen. Das soll natürlich nicht bedeuten, jedem Wunsch und jeder Laune eines Kindes nachzugeben, es heißt einfach, seinem Kind so zuzuhören, daß es nicht das Gefühl hat, seine Meinung wäre ignoriert worden, wenn wir von unserer Autorität Gebrauch machen. Ist diese Haltung unvernünftig? Wenn Sie diese Einstellung haben, betrachten Sie Ihr Kind nicht als wertvollen, eigenständigen Menschen.

Denken Sie doch einmal darüber nach. Wenn Ihr Kind weiß, Sie berücksichtigen seinen Standpunkt, dann können Ärger und Verstimmung gar nicht erst aufkommen, die später doch auf Sie zurückschlagen würden. Ist unser himmlischer Vater zu uns nicht ebenso? Christus sagt: »Bittet, so wird euch gegeben; suchet, so werdet ihr finden; klopfet an, so wird euch aufgetan. Denn wer da bittet, der empfängt; und wer da suchet, der findet; und wer da anklopfet, dem wird aufgetan. Welcher ist unter euch Menschen, so ihn sein Sohn bittet um Brot, der ihm einen Stein biete? Oder so er ihn bittet um Fisch, der ihm eine Schlange biete? So denn ihr, die ihr doch arg seid, könnet dennoch euren Kindern gute Gaben geben; wieviel mehr wird euer Vater im Himmel Gutes geben denen, die ihn bitten.« (Matt. 7, 7–11)*

Um unserem Kind konzentriert zuhören zu können, müssen wir zumindest Blickkontakt zu ihm herstellen und ihm, wenn es möglich und angebracht ist, auch physischen Kontakt und unsere konzentrierte Aufmerksamkeit schenken. Es hilft gewöhnlich schon, wenn wir unser Kind wissen lassen, daß wir es verstanden haben, auch wenn wir mit ihm nicht einer Meinung sind. Eine gute Möglichkeit, ihm zu zeigen, wie gut wir es verstehen, besteht darin, seine Ansichten zu wiederholen. Auch uns selbst können die Gedanken und Gefühle unseres Kindes zu einer neuen Denk- und Handlungsweise veranlassen.

Mir fällt da eine Sache mit meiner 16jährigen Tochter ein, die erst kürzlich passierte. Wir ließen sie abends mit drei anderen Jugendlichen zu einem Ringwettkampf in ihrer Schule gehen. Nach dem Wettkampf sollte sie sofort nach Hause kommen. Der Wettkampf sollte gegen 10 Uhr zu Ende sein, und für den Heimweg rechnete ich noch mit einer halben bis dreiviertel Stunde. Um 11 Uhr begann ich unruhig zu werden und rief die Eltern eines der anderen Jugendlichen an. Sie sagten mir, die Gruppe sei bei ihnen gewesen, um einen Wagen mit Winterreifen zu nehmen, da schlechtes Wetter eingesetzt hatte. Die Kinder hätten bei ihnen noch einen kleinen Imbiß eingenommen und wären gegen 11.30 Uhr abgefahren. Meine Tochter war um 11.40 Uhr zu Hause.

* Lutherbibel

Ich war wütend, und nachdem ich ihr eine Standpauke über Verantwortung gehalten hatte, schickte ich sie sofort ins Bett mit der Aussicht auf eine Woche Ausgehverbot. Wie konnte ich bloß so reagieren, ohne das Kind überhaupt anzuhören? Ich hatte dabei mehr an mich selbst als an die tatsächliche Situation gedacht. An jenem Abend ging es mir nicht gut, und ich hatte früh zu Bett gehen wollen, außerdem hatte ich einen sehr harten Arbeitstag vor mir. Dann kam meine Tochter später als erwartet nach Hause und hatte nicht einmal angerufen, um uns das mitzuteilen. Ich hielt sie für völlig gleichgültig und gedankenlos.

Aber ich habe eine kluge Tochter. Sie wartete, bis ich mich am nächsten Tage wieder beruhigt hatte und erzählte mir dann, was passiert war. Sie wußte auch, daß ich konzentrierter zuhören kann, wenn ich nicht ärgerlich bin. Schnee und Eis hatten die Straße nämlich in eine Rutschbahn verwandelt, so daß die Kinder einen sichereren, aber längeren Weg nach Hause genommen hatten. Sie sagte die Wahrheit, alles stimmte. Das einzige, was sie vergessen hatte, war, uns anzurufen, als sie merkte, daß sie später als erwartet zu Hause sein würde. Ich habe mich dann bei ihr wegen meiner übertriebenen Reaktion entschuldigt und das Ausgehverbot entsprechend herabgesetzt.

Zwei Dinge können wir aus dieser Geschichte lernen, erstens, wie wichtig es für ein Kind ist, wenn ihm wirklich zugehört wird. Ich hätte mir selbst alle Frustration und meiner Tochter Schmerz, Ärger und mögliche Verstimmung ersparen können, wenn ich ihr gleich zugehört hätte. Zum zweiten lehrt uns diese Geschichte, wie wichtig es ist, in solchen Situationen unsere Gefühle zu beherrschen. Ich halte fehlende Selbstkontrolle und besonders Zorn für den schlimmsten Feind der Eltern in der Kindererziehung. So wie in dem Beispiel mit meiner Tochter kann uns mangelnde Selbstbeherrschung zu Dingen hinreißen, die uns später leidtun.

Ungedämpfter Zorn, besonders unkontrollierte Wut, kann ein Kind nachhaltig verschrecken. Zuerst mögen elterliche Zornesausbrüche für das Benehmen eines Kindes nützlich erscheinen, aber das ist nur vorübergehend; wenn das Kind älter wird, verursacht so etwas nur wachsende Respektlosigkeit vor den Eltern und führt zu einer Zorn- und Trotzreaktion des Kindes. Denken wir einmal darüber nach, wie doch fehlende Selbstbeherrschung immer einen Respektverlust zur Folge hat. Warum sollte es bei unserem Ehepartner oder Kind anders sein?

Wir alle wissen, daß wir manchmal unsere Fassung verlieren, wir sollten aber nie vergessen, uns hinterher, wenn wir uns wieder beruhigt haben, zu entschuldigen. Wir können etwas Schlechtes sehr wohl in sein Gegenteil verkehren. Es ist erstaunlich, wie gut familiäre Beziehungen werden können, wenn ein Familienmitglied die Größe hat, sich zu entschuldigen, nachdem es etwas falsch gemacht hat – seine Beherrschung zu verlieren, kann solch eine Gelegenheit darstellen. Es erscheint unglaublich, aber die besondere familiäre Wärme nach solchen Entschuldigungen gehört zu den bleibenden Erinnerungen für Kind und Eltern. Sie sind unschätzbar.

Heftigkeit jedoch kann in einer Familie nur bis zu einem gewissen Grade toleriert werden, besonders wenn sich niemand entschuldigt. Man sollte sie nach Möglichkeit bekämpfen, aber wie macht man das?

Beherrsche deinen Zorn

Wie wir wissen, läßt sich Zorn manchmal nur schwer beherrschen, besonders wenn man unter Depressionen leidet, Angst hat, sich nicht wohl fühlt, geistig und körperlich erschöpft oder seelisch krank ist.

Über jedes dieser Probleme könnte man ein ganzes Buch schreiben. Im Augenblick aber muß es genügen, alle Eltern daran zu erinnern, daß sie für sich und ihren Zustand selbst verantwortlich sind, also für Geist, Körper und Seele. Krankheiten auf einem dieser Gebiete können ein gesundes Eltern-Kind-Verhältnis, eine Ehe und im Grunde alle menschlichen Beziehungen stören, weil sie unsere Fähigkeit zur Selbstkontrolle einschränken. Nehmen wir uns also zusammen. Unbeherrschter Zorn widerspricht jeder guten Disziplin.

Disziplin und Strafe

Es ist Ihnen hoffentlich klar, wieviel wir noch tun müssen, um ein gut erzogenes Kind zu haben. Jeder kann die Prügelstrafe als primäres Mittel der Erziehung ansehen, denn dazu braucht man keine Sensibilität, kein Urteilsvermögen, kein Verständnis und kein Talent. Wenn man sich aber auf die körperliche Züchtigung als wichtigste Disziplinierungsmaßnahme verläßt, macht man den entscheidenden Fehler, Disziplin und Strafe gleichzusetzen. Disziplin bedeutet, ein Kind auf ein Ziel hin zu erziehen, auf das es sich entwickeln soll. Dabei hat die Bestrafung nur einen geringen Stellenwert, der im Idealfall möglichst klein ist. Wir sollten uns daher diesen Satz merken: Je mehr bei der Erziehung auf Disziplin geachtet wird, desto weniger Strafe hat ein Kind nötig. Ob ein Kind gut auf Disziplin anspricht, hängt hauptsächlich davon ab, wie sehr es sich geliebt und anerkannt fühlt. Unsere Aufgabe ist es also, ihm dieses Gefühl zu geben.

Es gibt verschiedene Gründe dafür, weshalb so viele Eltern dem Irrtum verfallen, Bestrafung sei gut, oder sogar auf die Idee kommen, ihre wichtigste Aufgabe in der Kindererziehung sei es, ihr Kind gehörig zu verprügeln. Einen Teil der Schuld an dieser Entwicklung tragen bestimmt auch die vielen Bücher, Artikel, Seminare, Untersuchungen, Radiosendungen, Predigten und Zeitungen, die alle die körperliche Züchtigung befürworten, während sie alle kindlichen Bedürfnisse, ganz besonders die Liebe, herunterspielen oder völlig übergehen. Heutzutage rufen sehr viele Leute mit dogmatischer Strenge nach Prügel in der Kindererziehung. Das nennen sie dann Disziplin und befürworten dabei die härteste, extremste Form der Menschenbehandlung. Erstaunlicherweise beziehen sich viele dieser Befürworter der Prügelstrafe auf eine angeblich biblische Forderung und zitieren dabei drei Verse aus den Sprüchen Salomos (Spr. 23, 13; 29, 15; 13, 24), um das Schlagen eines Kindes zu rechtfertigen. Sie vergessen die unzähligen Bibelstellen, die sich mit Liebe, Erbarmen, Mitgefühl, Verstehen, Vergeben, Fürsorge, Leitung, Freundlichkeit, Zuneigung und Gebefreudigkeit befassen, als ob ein Kind gar kein Anrecht auf eine solche Ausdrucksweise der Liebe hätte.

Die Befürworter der körperlichen Züchtigung haben anscheinend vergessen, daß der biblische Hirtenstab fast ausschließlich zum Leiten der Tiere bestimmt war, nicht jedoch zum Schlagen. Die Hirten lenkten die Schafe und besonders die Lämmer sanft auf den richtigen Weg, indem sie einfach mit ihrem Stab den falschen Weg blockierten und die Tiere in die gewollte Richtung stupsten. Hätte der Hirtenstab tatsächlich in erster Linie zum Schlagen gedient, würden wir den 23. Psalm, »Dein Stecken und Stab trösten mich«, wohl kaum verstehen können.

Noch nie habe ich von einem Befürworter der Prügelstrafe die Einschränkung gehört, daß diese Strafe unter Umständen mehr Schaden als Nutzen bringen kann. Viele Eltern haben von diesen Versammlungen die Idee mitgenommen, die körperliche Züchtigung sei die wichtigste, wenn nicht sogar die einzige Möglichkeit der Kindererziehung.

Das Resultat dieser Forderung

Ich habe in meiner Praxis oft genug die Resultate dieser Forderungen gesehen: passive, nachgiebige, sehr ruhige und introvertierte Kinder. Solange sie klein waren, gehorchten sie ihren Eltern gut, aber ihnen fehlte eine starke, gesunde und liebevolle Beziehung zu ihren Eltern. Deshalb wurden sie als Heranwachsende trotzig und nachtragend, waren schwer zu erziehen, egoistisch, kleinlich, kalt und gefühllos. Oft wurden sie auch rebellisch, unfreundlich und mitleidlos.

Auch hier hilft uns die Bibel weiter. So lehrt der Apostel Paulus: »Ihr Väter, reizet eure Kinder nicht zum Zorn; sondern ziehet sie auf in der Zucht und Vermahnung zum Herrn« (Eph. 6, 4). Was ist nun aber mit den gerade beschriebenen Kindern geschehen? Sie kannten die bedingungslose Liebe nicht und wurden verbittert durch die mechanische Anwendung der Strafe. Ich schätze Kenneth Taylors Interpretation des Epheserbriefes sehr: »Und jetzt ein Wort an euch, ihr Eltern. Fahrt nicht fort, eure

Kinder zu schelten und an ihnen herumzunörgeln, denn das macht sie widerspenstig und nachtragend. Erzieht sie eher mit liebevoller Disziplin, die Gott selbst gutheißt, mit göttlichem Rat und Beistand.«

Ist Ihnen aufgefallen, was uns verrät, daß ein Kind vorwiegend mit Strafe erzogen wurde? Richtig, man kann dieses Kind so leicht kontrollieren. Das ist nämlich der andere Grund, in dem sich so viele Eltern irren. Solange ein Kind klein ist, kann man sein Verhalten allein mit körperlicher Bestrafung recht gut unter Kontrolle halten, d. h. wenn man besondere Artigkeit, Fehlen von Spontaneität und Selbstvertrauen und ängstliche Fügsamkeit als gutes Benehmen ansieht.

Erstaunlicherweise habe ich auch viele Kinder kennengelernt, die vorwiegend mit körperlicher Bestrafung erzogen wurden und deren Eltern trotzdem, selbst als die Kinder noch klein waren, nicht mit ihnen fertig werden konnten. Diese unglücklichen Kinder wurden so häufig verprügelt, daß die Schläge keine Wirkung mehr zeigten; oft weinten die Kinder nicht einmal mehr. Natürlich haben viele Eltern, noch ehe sie zu mir kamen, alle möglichen Ratschläge befolgt, das reichte von noch stärkerer Züchtigung – das Kind wird z. B. im Genick gepackt und geschüttelt – über das Verteilen von Süßigkeiten bis hin zum Abschieben von Kindern in besonders streng geführte Kindergärten. In jedem dieser Fälle war die liebevolle Eltern-Kind-Beziehung gestört, diese Kinder fühlten sich nämlich nicht wirklich geliebt und akzeptiert. Schon in diesen frühen Jahren können sich durch den Mangel an bedingungsloser Liebe Trotz und Widerstand soweit entwickeln, daß nicht einmal körperliche Züchtigung diese Reaktionen zum Schweigen bringen kann.

Zäumen wir das Pferd nicht vom Schwanz auf

Alles schön der Reihe nach! Zuerst brauchen wir die bedingungslose Liebe, dann die Disziplin. Wenn wir das Pferd von vorne statt vom Schwanz aus aufzäumen, wird sich eine positive Beziehung zwischen Eltern und Kind ergeben, und negative Vorkommnisse, wie z. B. körperliche Züchtigung, werden auf ein Minimum zurückgehen. Ist Ihnen aufgefallen, daß ich nicht behauptet habe, durch bedingungslose Liebe würde jede körperliche Bestrafung überflüssig? Ich wünschte, ich könnte das sagen, aber es stimmt nicht. Eine bedingungslose liebevolle Bindung zwischen Eltern und Kind läßt das gegenseitige Verhältnis immer glücklicher und die Notwendigkeit einer Bestrafung immer geringer werden. Leider ist Strafe manchmal doch notwendig, aber davon später.

Zusammenfassend wiederhole ich: Damit ein Kind gut auf Disziplin reagiert, müssen wir Eltern ihm alles das geben, was es wirklich braucht. Ein Kind kann nur dann Disziplin lernen, wenn es glücklich, zufrieden, in sich ruhend ist und sich anerkannt, sicher und geliebt fühlt. Es wäre grausam zu erwarten, ein Kind könne Disziplin lernen, ohne daß seine emotionalen Bedürfnisse befriedigt werden; noch schlimmer wäre es, ein Kind zu schlagen, weil es unsere Erwartungen nicht erfüllt. Unsere Haustiere haben es da bei uns viel besser.

Dazu noch ein Beispiel: Ein aggressiver Fußballtrainer einer hiesigen Mittelschule drohte meiner 13jährigen Tochter Schläge mit einem Paddel an, weil sie beim Mittagessen im Eßsaal geredet hatte. Ich rief daraufhin den Direktor an und fragte ihn, ob in seiner Schule tatsächlich Kinder geschlagen werden dürften, besonders Mädchen im Teenageralter, wo doch auch bei Lehrern sexuelle Hintergedanken bei solchen Handlungen nicht auszuschließen seien. Der Direktor antwortete mir darauf mit »ja« und auf meine Gegenfrage, ob er seinen Hund schlüge, mit »nein«. Ist es da ein Wunder, wenn Kinder von Tag zu Tag immer aufsässiger und respektloser gegen jede Art von Autorität werden?

Körperliche Züchtigung – ein Irrweg

Einer der Hauptgründe, warum körperliche Züchtigung als wichtigste erzieherische Maßnahme so gefährlich ist: Sie vermindert drastisch alle Schuldgefühle. Körperliche Züchtigung degradiert, entwürdigt und verletzt ein Kind innerlich. Das Resultat: Das Kind hält Schläge an sich für Strafe genug. Wird körperliche Züchtigung zu häufig und streng angewandt, so wird ein Kind kein Schuldbewußtsein entwickeln, und seine Gewissensbildung wird dadurch verhindert. Ohne das Fundament der bedingungslosen Liebe werden die notwendigen Entwicklungsphasen unterbrochen, besonders die richtige Identifikation mit den Eltern findet nicht statt, ebenso wird eine gesunde Gewissensbildung unmöglich.

Man vergißt häufig, welch positive Wirkung das Schuldbewußtsein haben kann und hält es im allgemeinen für unerwünscht. Zuviel Schuldgefühl ist zwar schädlich, aber zur Bildung und Erhaltung des Gewissens ist ein gewisses Maß an Schuldbewußtsein unerläßlich. Ein normales, gesundes Gewissen, das dem Verhalten eines Kindes die richtigen Grenzen setzt, ist viel wertvoller als Kontrolle durch Furcht und ist jeder sonstigen Kontrolle bei weitem vorzuziehen. Was bringt wohl einen fröhlichen, selbstbewußten Teenager dazu, auf sich selbst zu achten? Doch nur sein Gewissen. Wenn Sie aber vermeiden wollen, daß Ihr Kind ein normales, gesundes Gewissen entwickelt, das es ihm ermöglicht, auf sich selbst zu achten, dann bauen Sie Ihr Verhältnis zu Ihrem Kind auf dem Bestrafungsprinzip auf, kontrollieren Sie sein Benehmen vorwiegend mit Schelte und Prügel.

Eine andere logische Folgeerscheinung der körperlichen Züchtigung ist die Identifikation mit dem Aggressor, auch sie ist eine Art Flucht vor dem Schuldgefühl. Ein Kind identifiziert sich solange mit dem strafenden Elternteil, bis es Aggression und Züchtigung für richtig und normal hält. Natürlich wird solch ein Kind, wenn es erwachsen ist, seine Kinder genauso behandeln, wie man es selbst angefaßt hat. Grausame Eltern sind gewöhnlich auch als Kinder von ihren Eltern mißhandelt worden. Dies ist der Grund, warum körperliche Züchtigung oder ihre Androhung als hauptsächliche Erziehungsmethode von Generation zu Generation weitergegeben wird. Das ist an sich schon schlimm genug. Ist es ein Wunder, daß durch die erschreckende Zunahme von Gewalt in allen Massenmedien, vor allem im Fernsehen, Kindesmißhandlung und andere Formen von Gewalttätigkeit ein nationaler Schandfleck geworden sind?

Wenn wir Eltern nicht bald damit beginnen, die unerläßlichen Bedürfnisse eines Kindes, nämlich bedingungslose Liebe und liebevolle Disziplin, allgemein zu praktizieren, wird sich die Situation immer mehr zuspitzen. Wir Eltern müssen uns gegen diese Überzahl kritischer Stimmen zur Wehr setzen, die ständig behaupten, die Prügelstrafe sei das wichtigste erzieherische Mittel – und dabei Züchtigung mit Disziplin verwechseln. Wissen Sie, daß einige dieser Kritiker selbst keine Kinder haben? Solange wir unserem Kind das verweigern, was es so dringend braucht, werden beide Teile leiden.

Ich beschwöre Sie, sich als Eltern alle Statistiken anzusehen, die sich mit unserer heutigen Jugend befassen, mit der akademischen Jugend und ihrer Haltung, dem Respekt vor der Autorität, der geistigen Unruhe und ihrer Motivation, mit Drogenproblemen, Verbrechen u. ä. Die Situation ist erschreckend! Meiner festen Überzeugung nach ist die Hauptursache für unser Dilemma mit der heutigen Jugend darin zu suchen, daß sich unsere Kinder nicht wahrhaft geliebt, akzeptiert und geborgen fühlen. Durch die laute Propaganda der Anhänger von Disziplin oder vielmehr Züchtigung einerseits und die der Befürworter eines vagen, kaum befolgbaren Programms andererseits sind die Eltern verunsichert.

Ein Fehler ist es auch, als wichtigste Erziehungsmethode ein Programm zu befolgen, das z. B. auf Techniken zur Verhaltungsänderung basiert. Solche Programme, auch die Bestrafung, haben zwar ihren Platz in der Kindererziehung und können sogar sehr nützlich sein, aber sie stellen keinesfalls die beste Möglichkeit dar, eine Beziehung zu einem Kind aufzubauen. Manche dieser Programme sind zwar recht brauchbar, aber sie werden häufig statt bedingungsloser Liebe und liebevoller Disziplin angewandt – und da liegt der Fehler.

Diese Erziehungstechniken können in bestimmten Situationen, zu denen wir später noch kommen werden, von großem Nutzen sein, aber wir als Eltern müssen uns zuerst vergewissern, ob der »emotionelle Tank« unseres Kindes wirklich gefüllt ist, ehe wir zu Bestrafung oder anderen

Erziehungstechniken greifen. Wenn ein Kind sein ihm notwendiges Quantum an bedingungsloser Liebe und liebevoller Disziplin erhält, brauchen die Eltern nur in den seltensten Fällen körperliche Strafen oder ähnliche Maßnahmen anzuwenden. Tatsächlich stellen diese Methoden zeitweilig eine notwendige Hilfe dar, aber – und darüber müssen wir uns im klaren sein – es ist nicht die beste Art von Hilfe, die allein uns angemessene Liebe und Führung bietet.

Zu unserem Kind möchten wir die positivste, erfreulichste und liebevollste Beziehung haben, die man sich denken kann. Gleichzeitig soll es aber auch lernen, sich selbst zu beherrschen und seinem Alter und Entwicklungsstand gemäß selbständig zu handeln. Damit diese beiden Glücksfälle zusammentreffen, müssen Eltern ihrem Kind zwei Dinge mitgeben, erstens bedingungslose Liebe, und zwar in angemessener Weise, und zweitens liebevolle Disziplin, d. h. Training auf die positivste Art, die nur möglich ist. Das bestmöglichste Training muß so beschaffen sein, daß es das Selbstwertgefühl eines Kindes erhöht, statt es zu erniedrigen oder sein Selbstverständnis zu verletzen. Positive Anleitung zu gutem Verhalten ist sehr viel wichtiger als negative Bestrafung für schlechtes Verhalten.

Aber ganz gleich, wie ernst wir unseren Beruf als Eltern nehmen, manchmal wird ein Kind doch ungezogen sein. Das ist unvermeidlich, denn es gibt weder perfekte Eltern noch perfekte Kinder.

Wie sollen wir nun auf Ungezogenheiten bei unserem Kind reagieren? Dieses Problem wollen wir im folgenden Kapitel behandeln.

9. Liebevolle Disziplin

Wir haben bis jetzt untersucht, wie wir unserem Kind durch den richtigen Gebrauch von Augenkontakt, körperlichem Kontakt, konzentrierter Aufmerksamkeit und Disziplin (Charaktertraining) unsere bedingungslose Liebe mitteilen können. Wir haben dabei festgestellt, wie wichtig es ist, den »emotionellen Tank« unseres Kindes gefüllt zu halten. Nur dann kann das Kind sich nämlich gut entwickeln, und nur dann kann es auch volle Selbstkontrolle und Selbstdisziplin lernen. Im 8. Kapitel dann zeigten wir anschließend, daß Anleiten zu richtigem Handeln besser ist als Strafe für eine falsche Handlungsweise. Wir schlossen mit der Feststellung, daß jedes Kind irgendwann einmal ungezogen ist. Überlegen wir also jetzt, wie wir mit solchen Ungezogenheiten fertig werden können.

Um zu wissen, wie wir auf kindliches Benehmen am besten reagieren, müssen wir die irrationale Denkweise von Kindern begreifen lernen, was für ein Kind lebenswichtig ist. Alle Kinder brauchen und suchen Liebe, und sie wissen das auch. Die Art und Weise aber, wie sie Liebe zu erlangen suchen, ist noch unreif und irrational.

Zuerst einmal wollen wir sehen, wie man auf vernünftige Weise Liebe gewinnt: Ein Mann namens Hans liebt z. B. eine Frau namens Carla. Wie nun gewinnt Hans aller Wahrscheinlichkeit nach Carlas Liebe? Indem er sich unreif aufführt, sich von seiner schlechtesten Seite zeigt, klagt und schmollt, streitsüchtig und fordernd ist? Sicherlich nicht. Wenn Hans kein unreifer Mann ist, wird er sich von seiner besten Seite zeigen, er wird ruhig, angenehm, hilfreich, freundlich und rücksichtsvoll sein. Wenn er sich Carlas Liebe nicht sicher ist, wird er sich nicht in unreifes Benehmen flüchten, sondern vielmehr versuchen, Carlas Liebe zu gewinnen. Er wird sich bemühen, ihre Liebe zu verdienen. – Das ist ein vernünftiger Weg, Liebe zu gewinnen.

Nun wird sich ein Kind aber nicht so verhalten, denn je jünger es ist, umso unreifer wird es auch sein, und je unreifer es ist, umso unvernünftiger ist es. Ein Kind weiß intuitiv, wie dringend es Liebe braucht, aber es versucht nicht, sie sich zu verdienen oder zu gewinnen. Diese Logik übersteigt nämlich sein ihm angeborenes Verständnis; es kann sie vielleicht begreifen lernen, aber es ist nicht mit diesem Talent geboren.

Wie also verhält sich ein Kind, speziell ein jüngeres? Ein Kind äußert sich hauptsächlich durch sein Verhalten. Es stellt beständig die Frage: »Liebst du mich?« Unsere Antwort darauf ist für vieles entscheidend, z. B. für das Selbstwertgefühl des Kindes, seine Einstellung, seine Gefühle, seine Freundschaften usw. Wir können aus seinem Verhalten erkennen, ob sein »emotioneller Tank« gefüllt ist. Auch wenn er leer ist, ist dies aus dem kindlichen Benehmen ersichtlich. Oder anders gesagt: Das Verhalten eines Kindes hängt davon ab, wie sehr es sich geliebt fühlt.

Das ist nun die kindliche Logik: Anstatt unsere Liebe und Zuneigung durch Wohlverhalten zu gewinnen, prüft ein Kind unsere Liebe ständig durch sein Benehmen. »Liebst du mich?« Wenn wir diese wichtigste aller Fragen mit »ja« beantwortet haben, ist alles gut. Das Kind hat dann nicht mehr den Drang, sich der Liebe seiner Eltern zu vergewissern, und wir können auf sein Benehmen leichter Einfluß nehmen. Wenn sich ein Kind dagegen nicht geliebt fühlt, muß es durch sein Verhalten noch dringender nachfragen: »Liebt ihr mich?« Vielleicht mögen wir dann sein Benehmen nicht, denn ein Kind hat ja nur geringe Ausdrucksmöglichkeiten, und viele dieser Möglichkeiten sind nicht immer und überall angebracht. Aber wenn jemand wirklich verzweifelt ist, wird auch sein Verhalten entsprechend sein – und nichts läßt ein Kind mehr verzweifeln als der Mangel an Liebe.

Dies ist also der Hauptgrund dafür, warum Kinder oft ungezogen sind. Durch ihr Verhalten zeigen sie an, daß ihr »emotioneller Tank« leer ist und fragen: »Liebt ihr mich?«

Handeln wir dann fair und klug, wenn wir von unserem Kind Wohlverhalten verlangen, ohne überhaupt sicher zu sein, daß es sich wirklich geliebt fühlt, ohne also zuerst seinen »emotionellen Tank« gefüllt zu haben?

Was braucht dieses Kind?

Diese Frage möchte ich anhand eines Beispiels beantworten. Als meine 16jährige Tochter Carey letztes Jahr in ein Sommerlager ging, war ihr damals siebenjähriger Bruder David zu Hause das älteste Kind. Er fand das sehr schön, benahm sich viel reifer als sonst und suchte mehr Verantwortung. Er genoß richtig seine neue Stellung.

Das Problem trat nun auf, als Carey aus dem Urlaub nach Hause zurückkam. Davids Benehmen wurde zusehends schlechter, er wurde auf einmal weinerlich, unzufrieden und reizbar, war ständig schlecht gelaunt und in sich gekehrt.

Was war geschehen? Warum diese plötzliche drastische Veränderung in Davids Verhalten? Was sollte ich jetzt als Vater tun? Sollte ich David wegen seines schlechten Benehmens bestrafen, oder sollte ich Carey zurück ins Sommerlager schicken? Hätte es Zweck, David seinen dreijährigen Bruder als Vorbild hinzustellen? Was hätten Sie gemacht?

Ich will Ihnen sagen, wie ich in diesem Fall gehandelt habe und warum. Natürlich war es für David schwer, daß Carey nach Hause kam und wieder ältestes Kind der Familie war. Solch eine Situation ist für einen siebenjährigen Jungen schwer zu verkraften. Sein Verhalten war eine einzige Frage: »Liebt ihr mich noch? Habt ihr mich jetzt immer noch lieb, wo Carey nach Hause gekommen ist und ich nicht mehr der Älteste bin? Habt ihr mich genauso lieb wie Carey, oder ist sie für euch wichtiger? Kann sie mir eure Liebe wegnehmen?« Oh, wie schwer haben es Kinder doch zuweilen!

Nun frage ich Sie: Wenn ich ihn damals bestraft hätte, wie hätte David diese Antwort auf seine Fragen wohl aufgefaßt? – Sobald ich konnte, nahm ich David beiseite, unterhielt mich mit ihm und nahm ihn in den Arm. Dabei erzählte ich ihm, wie lieb ich ihn hätte und schenkte ihm Augen- und Körperkontakt. Als sein »emotioneller Tank« wieder gefüllt war, änderte sich seine Stimmung, und er war wieder ganz er selbst. 15 bis 20 Minuten hatte das Ganze gedauert, dann war David wieder vergnügt, sein Benehmen war in Ordnung, und er ging spielen. Das war einer dieser besonderen Augenblicke, über die wir gesprochen haben. Ich glaube, er wird ihn nie vergessen und ich auch nicht.

Bitte denken Sie jetzt nicht, ich sei ein perfekter Vater, ich bin es nicht. Ich habe schon viele Fehler gemacht, aber mit dieser Situation bin ich, glaube ich, gut fertig geworden.

Das alles sollte uns dazu bringen, in Augenblicken, in denen unser Kind ungezogen ist, an uns selbst die Frage zu richten: Was braucht dieses Kind jetzt? Unter Eltern herrscht die Tendenz vor zu fragen, »Wie kann ich das schlechte Verhalten meines Kindes verbessern?« Leider führt diese Frage gewöhnlich zur Bestrafung. Dann ist es schwierig, an die wirklichen Bedürfnisse des Kindes zu denken, statt dessen verfallen wir auf Schläge oder schicken das Kind auf sein Zimmer. Ein Kind wird nicht das Gefühl haben, geliebt zu werden, wenn wir auf seine Ungezogenheiten so reagieren.

Wir sollten uns immer zuerst fragen: Was braucht dieses Kind jetzt? Von dieser Frage aus können wir logisch weitergehen. Nur so können wir seine Ungezogenheiten in den Griff bekommen, ihm das geben, was es braucht, und ihm das Gefühl schenken, wahrhaft geliebt zu werden.

Dann müssen wir uns fragen: Braucht unser Kind Augenkontakt, braucht es physischen Kontakt und konzentrierte Aufmerksamkeit? Muß also sein »emotioneller Tank« wieder gefüllt werden? Wir Eltern müssen uns zuerst vergewissern, ob nicht die Ungezogenheiten aus einem Mangel heraus entstanden sind. Diesen Mangel müssen wir dann zuerst beheben. Wir sollten nicht fortfahren, an unserem Kind herumzuerziehen, ehe wir nicht seine emotionalen Bedürfnisse befriedigt haben.

Kürzlich waren wir mit unserem fünfjährigen Sohn in einer ähnlichen Situation. Ich war für ein paar Tage fort gewesen, und als ich nach Hause kam, benahm sich unser fünfjähriger Dale in einer Weise, die mich und alle anderen sehr irritierte. Er machte allerhand Faxen, um den Rest der

Familie und besonders natürlich seinen neunjährigen Bruder zu ärgern. Dale weiß ganz genau, was er tun muß, um David auf die Palme zu bringen. Natürlich ist David auch nicht besser. Für meine Frau und mich sind Streitereien unter Geschwistern das erste Zeichen dafür, daß der »emotionelle Tank« wieder gefüllt werden muß.

Jedenfalls war Dale an diesem Tage besonders anstrengend, er reizte seinen Bruder, schmollte, stellte unvernünftige Forderungen. Selbstverständlich war auch meine erste Reaktion, ihm gehörig »den Marsch zu blasen«, ihn entweder auf sein Zimmer und ins Bett zu schicken oder ihn vielleicht sogar zu verhauen. Dann fing ich an zu überlegen: Was braucht er vielleicht? Ich hatte die Antwort sofort: Ich war weg gewesen, er hatte mich drei Tage nicht gesehen, und ich hatte mich nicht wirklich um ihn gekümmert, ihm keine konzentrierte Aufmerksamkeit geschenkt. Kein Wunder, daß das Kind jetzt die alte Frage stellte: »Liebst du mich?«

Tatsächlich fragte Dale: »Liebst du mich noch, wo du jetzt so lange weg warst und so tust, als hätte mir das gar nichts ausgemacht?« – Auf einmal wurde mir sein Benehmen klar, er brauchte seinen Vater dringend, aber sein Vater gab ihm nicht das, was er jetzt nötig hatte. Wenn ich ihm in diesem Augenblick irgend etwas anderes gegeben hätte als das, was er brauchte, nämlich mich, wäre sein Benehmen immer schlimmer geworden, sogar wenn ich ihn verhauen hätte. Er wäre tief verletzt und trotzig gewesen, und ich hätte die Möglichkeit verloren, ihm einen dieser besonderen Augenblicke zu schenken.

Ich kann gar nicht sagen, wie dankbar ich bin, daß ich ihn nicht angefahren habe. Ich nahm Dale also mit in unser Schlafzimmer, hielt ihn fest im Arm und sagte nichts. Dieser normalerweise so lebhafte kleine Bursche war ganz still und ruhig. Er saß da, ganz umfangen von dieser emotionalen Zuwendung. Nachdem sein »emotioneller Tank« langsam gefüllt war, wurde er wieder lebendig. Er unterhielt sich mit mir auf seine vertrauensvolle, leichte, spontane Art. Nach einer kurzen Unterhaltung über meine Reise sprang er davon, um seinen Bruder zu suchen. Als ich ins Wohnzimmer zurückkam, spielten sie friedlich miteinander.

Daraus können wir erkennen, wie wichtig es ist, uns immer wieder die Frage zu stellen: Was braucht dieses Kind jetzt? Wenn wir das unterlassen, werden wir mit Sicherheit vorzeitig dazu übergehen, auf Ungezogenheiten falsch zu reagieren. Wir werden die Chancen vergeben, diese so wichtigen besonderen Momente mit unserem Kind zu erleben. Und manchmal werden wir das Kind bestrafen, so daß es sich verletzt fühlt und später daraus Zorn und Trotz entstehen.

Wenn Sie als Eltern diese Chance verpassen, haben Sie dieses Buch vergeblich gelesen. Ungezogenheiten sollten nicht entschuldigt werden, aber wenn wir sie ungeeignet angehen, d. h. zu streng oder zu nachgiebig, werden wir mit unserem Kind Probleme haben. Ja, wir müssen Ungezogenheiten bremsen, wir dürfen schlechtes Benehmen nicht tolerieren, aber unser erster Schritt darf nicht Bestrafung heißen.

Bestrafung ist zwar gelegentlich notwendig, aber weil zuviel Strafe nur Schaden anrichtet, sollten wir sie nur als letzte Möglichkeit ansehen. Es ist bei weitem besser, auf Ungezogenheiten positiv, mit wirklicher Liebe und Zuwendung zu reagieren, als ein Kind besonders mit Schlägen zu bestrafen. Der erste Schritt in solchen Situationen muß also sein, sich Gewißheit darüber zu verschaffen, ob die emotionalen Bedürfnisse des Kindes befriedigt sind. Zuerst muß sein »emotioneller Tank« gefüllt sein, ehe besorgte Eltern zu anderen Mitteln greifen sollten.

Liegt ein physisches Problem vor?

Die nächste Frage, die wir uns bei Ungezogenheiten stellen müssen, lautet: Liegt ein physisches Problem vor, das diese Ungezogenheit verursacht? Je jünger ein Kind ist, desto mehr wird sein Verhalten von seinem körperlichen Wohlbefinden beeinflußt. Ist mein Kind hungrig, ist es müde, ist es krank, brütet es gerade eine Erkältung oder eine Grippe aus? Tut ihm etwas weh, oder fühlt es sich sonst nicht gut?

Das soll nicht heißen, daß man Ungezogenheit mit Unpäßlichkeiten entschuldigen kann – meiner Meinung nach kann man Ungezogenheit niemals entschuldigen. Es soll bedeuten, daß wir Eltern genauso wie auf die Ungezogenheit selbst auf die eigentliche Ursache der Ungezogenheit achten müssen. Sicherlich ist es besser, schlechtes Benehmen zu korrigieren, indem man dem Kind das gibt, was es braucht, nämlich Augen- und körperlichen Kontakt, konzentrierte Aufmerksamkeit sowie Wasser, Essen, ein Schläfchen, Hilfe bei Schmerzen oder Krankheit, anstatt es zu bestrafen. Strafe mag manchmal angebracht sein, aber wir müssen uns zuerst vergewissern, ob das Kind alles hat, was es physisch und seelisch braucht.

Wie können wir sagen, wann Strafe angebracht ist und wann sie schädlich wirkt? Eine ausgezeichnete Frage! Sie bringt uns einen Schritt weiter bei unserem Versuch, mit Ungezogenheiten richtig fertig zu werden.

Wir müssen vergeben lernen

Meiner Erfahrung nach ist es absolut verkehrt, ein Kind für eine Ungezogenheit zu bestrafen, wenn es dem Kind wirklich leid tut. Die Betonung liegt dabei auf wirklich. Wenn ein Kind wirklich bereut, etwas falsch gemacht zu haben, würde Strafe, besonders körperliche Züchtigung, sich eher schädlich auswirken. Dieser Schaden könnte sich auf zweierlei Art äußern.

Die erste Möglichkeit: Wenn ein Kind schon Bedauern über das zeigt, was es angerichtet hat, funktioniert sein Gewissen auf gute, gesunde Weise. Das ist es ja, was wir anstreben! Es hat aus seinem Fehler gelernt. Ein gutes, gesundes Gewissen ist das beste Gegenmittel gegen wiederholte Ungezogenheit. Strafe dagegen – und speziell körperliche Bestrafung – würde das Schuld- und Reuegefühl nicht aufkommen lassen und statt dessen das Kind darin bestärken, die unangenehmen Schuldgefühle zu vergessen und die Unart zu wiederholen.

Die zweite Möglichkeit: Ein Kind unter diesen Umständen zu bestrafen, könnte Trotzgefühle hervorrufen. Denn wenn ein Kind vor Reue schon ganz zerknirscht ist, setzt ihm sein Gewissen hart zu – das ist an und für sich schon Strafe genug. Dann braucht ein Kind Trost und die Versicherung, es sei trotz seiner Ungezogenheit doch unser gutes, liebes Kind. Diese Zusicherung hat es in solchen Augenblicken dringend nötig. Wenn Sie also den Fehler machen, das Kind zu schlagen, statt ihm die nötige Zuwendung zu geben, ist es tief getroffen. Unter solchen Umständen wird ein Kind das Gefühl haben, schlecht zu sein, und annehmen, seine Eltern seien auch dieser Meinung. So entstehen in dem Kind Zorn, Trotz und Bitterkeit, Gefühle, die es über unabsehbare Zeit mit sich herumschleppen wird.

Was sollen wir nun als Eltern tun, wenn unser Kind etwas Unrechtes begangen hat und es ihm von Herzen leid tut? Auch hier hilft uns die Bibel weiter. Wenn wir etwas Böses getan haben und deshalb aufrichtige Reue empfinden, dann vergibt uns unser himmlischer Vater auch. Was sagt der Psalmist: »Wie sich ein Vater über seine Kinder erbarmt, so erbarmt sich der Herr über die, so ihn fürchten« (Ps. 103, 13). Wenn uns unser himmlischer Vater mit Güte, Erbarmen und Vergebung entgegenkommt, wie können wir dann gerade entgegengesetzt handeln und unsere Kinder bestrafen?

Der Apostel Paulus warnte vor diesem Fehler, als er schrieb: »Ihr Väter, reizet eure Kinder nicht zum Zorn, sondern ziehet sie auf in der Zucht und Vermahnung zum Herrn« (Eph. 6, 4). Ich selbst weiß kein geeigneteres Mittel, in einem Kind Zorn, Trotz und Bitterkeit entstehen zu lassen, als es zu bestrafen, obgleich ihm sein Verhalten aufrichtig leid tut. In solchen Augenblicken müssen wir vergeben lernen.

Ein anderer Grund, warum es so außerordentlich wichtig ist, einem Kind in solcher Lage zu verzeihen, ist: Es muß in seiner Kindheit das Verzeihen kennengelernt haben, sonst wird es später im Leben mit seinen Schuldgefühlen nicht fertig. Überlegen Sie einmal, wie viele schuldbeladene Menschen, auch Christen, es heutzutage gibt, weil sie niemals das Gefühl der Verzeihung kennengelernt haben. Diesen armen Menschen mag zwar tatsächlich ihre Schuld von Gott und allen anderen vergeben worden sein, und sie wissen das auch, aber sie haben trotzdem immer noch

Schuldgefühle. Wir können unserem Kind ungeahnte Probleme ersparen, wenn wir es lehren und fühlen lassen, daß auf Schuld und Reue die Vergebung folgt. Und das können wir erreichen, indem wir ihm verzeihen, wenn ihm etwas aufrichtig leid tut.

Die zerschlagene Fensterscheibe

Ich möchte ein Erlebnis erzählen, das hierher paßt; gleichzeitig aber möchte ich Sie bitten, nicht zu glauben, ich hielte mich für einen perfekten Vater, der ich nicht bin, weil ich in dieser Geschichte etwas richtig gemacht habe. Es ist nur der Vorteil eines Schriftstellers, Beispiele aus dem eigenen Leben zur Illustration heranziehen zu können.

Kürzlich kam ich nach einem langen, harten Tag nach Hause. Verschiedenes war »schief gegangen«, ich war erschöpft und fühlte mich nicht sehr gut. Als ich aus meinem Wagen stieg, stürzte mein neunjähriger Sohn auf mich zu. Normalerweise strahlt David immer über das ganze Gesicht und drückt mich ganz lange, diesmal jedoch war es anders. Er sah so unglücklich aus und sah mich mit seinen blauen Augen so traurig an. Dann sagte er: »Papi, ich muß dir etwas erzählen.«

In diesem Augenblick fühlte ich mich nicht so, als ob ich ein großes Problem gerade jetzt sehr gut handhaben könnte. Deswegen sagte ich: »David, laß uns später darüber sprechen, ja?«

David sah mich aufmerksam an und fragte dann: »Geht es nicht jetzt, Papi?«

Inzwischen war ich an der Hintertür angekommen und sah, daß eine der Scheiben zerbrochen war. Ich konnte mir jetzt vorstellen, was David auf dem Herzen hatte.

Weil ich gerade etwas gereizter Stimmung war, hielt ich es für besser, mich erst später mit der Sache zu befassen, nachdem ich mich ein bißchen erholt hatte. Aber David war mir ins Schlafzimmer gefolgt und bat: »Bitte, Papi, laß uns doch jetzt darüber reden.«

Als ich sein flehendes Gesicht sah, was konnte ich da anderes tun als sagen: »In Ordnung, David, worüber willst du denn mit mir reden?« – als ob ich das nicht schon wußte!

David erzählte mir, er hätte mit seinen Freunden in der Nähe des Hauses Baseball gespielt, da wäre ein Ball aus der Bahn geflogen und hätte die Fensterscheibe durchschlagen. Er wußte, was er angerichtet hatte, und war offensichtlich traurig darüber. Aus seinem Verhalten klang die Frage heraus: »Hast du mich noch lieb, nachdem ich das gemacht habe?«

Da nahm ich meinen Jungen auf den Schoß, drückte ihn eine Weile an mich und sagte dann: »Laß nur, David, so etwas passiert leicht einmal.

Wir werden eine neue Scheibe einsetzen lassen. Aber das nächste Mal spielt ihr etwas weiter weg vom Haus, ja?«

Das war einer jener besonderen Momente. David war sehr erleichtert, er weinte ein bißchen und hielt ganz still. Ich konnte direkt spüren, wie seine Liebe mir entgegen kam – einer der schönsten Augenblicke meines Lebens. Dann strahlte David wieder, er war er selbst, sprang auf und war weg.

Ich habe viel aus solchen Erfahrungen gelernt. Dies war eine der Gelegenheiten, die nicht täglich wiederkehren. Ein Kind ist nicht immer wirklich traurig wegen seines Fehlverhaltens, daher müssen wir ständig nach solch einer Gelegenheit Ausschau halten, um tatsächlich das tun zu können, was wir besprochen haben. Nur dann können wir einem Kind zeigen, daß wir es wirklich bedingungslos lieben, auch wenn wir sein Verhalten nicht richtig finden.

Wenn wir einem Kind eine Ungezogenheit verziehen haben, heißt das nicht, daß es für die Folgen nicht die Verantwortung übernehmen sollte. Eine Art Schadenersatz könnte angemessen sein. In Davids Fall mit der zerbrochenen Scheibe wäre es vielleicht sinnvoll gewesen, ihn den Schaden auf eine kindgemäße Weise, z. B. durch Hilfe im Haushalt, bezahlen zu lassen. Aber auch dabei müssen wir darauf achten, die Wiedergutmachung dem Alter des Kindes, seinem Entwicklungsstand und seinen Fähigkeiten anzupassen.

Wir dürfen uns auch nicht täuschen lassen. Sicherlich haben Sie schon ein Kind sagen hören , »entschuldige«, dabei tat ihm gar nichts leid. Ein Kind sagt ziemlich häufig »entschuldige«, und zwar immer dann, wenn es Angst hat, bestraft zu werden. Natürlich tut es ihm nicht wirklich leid, und an uns ist es, den Unterschied herauszufinden.

Glücklicherweise ist es meistens nicht schwer zu unterscheiden, ob einem Kind irgend etwas wirklich leid tut oder nicht. Am auffälligsten merkt man es daran, ob das Kind seine Unart wiederholt. Wenn David nach seinem Mißgeschick weiterhin dicht am Haus Baseball gespielt hätte, hätte ich daraus schließen müssen, daß ich getäuscht worden bin, und hätte andere Maßnahmen ergreifen müssen.

Wenn ein Kind häufig versucht, seine Eltern auf diese Weise zu täuschen, wäre ich ziemlich beunruhigt. So etwas könnte bedeuten, daß sich das Gefühl des Kindes für Recht und Unrecht verkehrt entwickelt. Es könnte sich daran gewöhnen, die Unwahrheit zu sagen, um dadurch einen Vorteil zu erzielen, z. B. mit »entschuldige« könnte es einer Bestrafung entgehen. Dieses Verhalten speziell ist ein gutes Beispiel dafür, was daraus entsteht, wenn man das Pferd vom Schwanz her aufzäumt. Wenn Eltern die Beziehung zu ihrem Kind vorwiegend auf Strafen aufbauen, um damit sein Verhalten zu kontrollieren, anstatt zuerst die emotionalen Bedürfnisse des Kindes zu befriedigen, dann wird das Kind auf allerhand

Mätzchen verfallen, nur um der Bestrafung zu entgehen. Dazu gehört es auch, gleich »entschuldige« zu sagen, wenn sich die Eltern aufregen oder über eine Unart böse werden.

Dies ist eine gefährliche Lage. Auf diese Weise lernt ein Kind, falsch, unehrlich, berechnend und gefühllos zu sein. Es gibt ein Mittel, das diesen Fehler aufhebt und diesen Trend wieder rückläufig macht: die bedingungslose Liebe.

In solchen Lagen ist das gute Urteilsvermögen der Eltern das Haupterfordernis. Die Eltern können am besten unterscheiden, wann ihr Kind ehrlich und aufrichtig ist und wann nicht. Wenn ein Kind häufig falsch und unaufrichtig ist, ist Gefahr im Verzuge, und Hilfe ist nötig.

Jedoch kann sich jedes Kind irgendwann einmal so verhalten, genauso wie jedes Kind irgendwann Reue wegen einer Ungezogenheit empfindet. Weise, vorsichtige Eltern werden das erkennen, sie werden den Unterschied feststellen und in jeder Situation auf geeignete Weise reagieren.

Noch einmal, verzeihen Sie Ihrem Kind, wenn es wirklich traurig, zerknirscht und voller Reue wegen einer Ungezogenheit ist. Diese seltenen Gelegenheiten sind unbezahlbar. Lassen Sie Ihr Kind frei von allen Zweifeln wissen, daß Sie es verstehen, sich wirklich um es sorgen und es sehr lieb haben, unabhängig von allem anderen. Das ist bedingungslose Liebe.

10. Disziplin

Bitten, Befehle, Belohnungen, Strafen

Was wir bis jetzt untersucht haben, sind die bei weitem wichtigsten Aspekte der Kindererziehung. Wenn wir diese Prinzipien genau beachten, werden uns viele Erziehungsprobleme nicht solche Schwierigkeiten machen, oder sie treten gar nicht erst auf. Für die Befriedigung der emotionalen Bedürfnisse eines Kindes und die Anwendung liebevoller Disziplin ist eine gesunde, starke, liebevolle Bindung zwischen Eltern und Kind erforderlich. Wenn also irgendein Problem auftritt, müssen die Eltern zuerst auf die Bedürfnisse des Kindes achten und sie erfüllen, ehe sie irgend etwas anderes unternehmen.

Bitte erinnern Sie sich immer an den Inhalt der vorhergehenden Kapitel, denn ich komme jetzt zu einem Teil der Disziplin, den ich am liebsten nicht erwähnen würde. Warum wohl? Es gibt viele Eltern, die sich aus einem Buch wie diesem nur das Material zu eigen machen, das ihre vorgefaßte Meinung über Kindererziehung bestätigt. Ich fürchte, diese Eltern werden sich nur diesen Teil des Buches aneignen und die Tatsache, daß Strafe nur eine allerletzte Möglichkeit ist, völlig außer acht lassen.

Ich hoffe, Sie sind nicht solche Eltern, sondern werden Ihre Erziehung nach den ersten neun Kapiteln ausrichten, ehe sie es mit dem zehnten versuchen. Lieben Sie Ihr Kind bedingungslos, und geben Sie ihm Augen-, körperlichen Kontakt und konzentrierte Aufmerksamkeit im Überfluß. Geben Sie Ihrem Kind keine besitzergreifende, verführende oder stellvertretende Liebe und verlangen Sie von ihm nicht Rollentausch. Üben Sie Disziplin positiv, z. B. durch Führung, Vorbild, Nachahmung und Weisung. Wenn Ihr Kind ungezogen ist, überlegen Sie zuerst, ob es etwas braucht, wie z. B. Augen- oder physischen Kontakt, konzentrierte Aufmerksamkeit, Ruhe oder etwas zu trinken; diese Bedürfnisse erfüllen Sie als erstes. Wenn Ihr Kind wegen einer Ungezogenheit traurig, zerknirscht und voller Reue ist, verzeihen Sie ihm und lassen Sie es fühlen, daß ihm verziehen ist.

Wenn Sie als Eltern alle diese Dinge sorgfältig beachten und auch alle anderen Voraussetzungen, wie z. B. Ihre Ehe, zufriedenstellend sind, müßte sich Ihr Kind entsprechend gut entwickeln. Es müßte fröhlich, aufgeschlossen, gut erzogen sein und ohne größere Schwierigkeiten tun, was man ihm aufträgt – natürlich seinem Alter und seinem Entwicklungsgrad entsprechend. Ich behaupte hier nicht, daß alles perfekt sein müßte, aber

Sie selbst sollten mit Ihrem Kind, Ihrer Beziehung zu ihm und seiner Entwicklung zufrieden sein.

Ich betone das alles jetzt, weil es ein tragischer Irrtum ist anzunehmen, Bestrafung an sich könne etwas anderes als negative Ergebnisse bewirken. Strafe ohne das feste Fundament bedingungsloser Liebe und liebevoller Disziplin kann tatsächlich keine gute Beziehung zwischen Eltern und Kind zustande bringen. Unglücklicherweise ist das die heutige Form der Kindererziehung. Dies ist einer der Gründe dafür, warum Kinder heutzutage noch nie dagewesene Probleme haben, die sowohl theoretischer als auch persönlicher Art sein können.

Bitten

Gutes Benehmen können wir zuerst beim Kind durch Bitten erreichen, das ist jedenfalls der positivste Weg. Was noch wichtiger ist, Bitten wekken in einem Kind das Gefühl der Eigenverantwortlichkeit. Ein Kind spürt, gutes Benehmen hängt ebenso sehr von ihm selbst wie von seinen Eltern ab, die ja die Verantwortung für seine Erziehung tragen. Ein Kind weiß instinktiv, daß es mehrere Möglichkeiten hat. Wenn die Eltern um Wohlverhalten *bitten,* fühlt sich das Kind in seiner Fähigkeit, selbst zu denken und Entscheidungen zu treffen, bestätigt und lernt, selbst die Verantwortung dafür zu übernehmen. Wenn die Eltern so oft wie möglich bitten, anstatt zu befehlen, wird das Kind die Eltern als Verbündete betrachten, die ihm dabei helfen, sein Benehmen zu formen. Das ist so wichtig!

Wenn Eltern vorwiegend befehlen, um Wohlverhalten zu erzielen, kann ein Kind einen artigen und wohlerzogenen Eindruck machen, aber es verhält sich nur so, weil Vater und Mutter es wünschen, nicht weil es begriffen hat, daß gutes Verhalten das beste für es selbst ist. Es wird die Eltern nicht als Verbündete seiner eigenen Interessen ansehen. Ihm wird scheinen, richtiges Benehmen sei nur aus Gründen der Ordnung, Ruhe und des äußeren Scheins erforderlich, liege also im alleinigen Interesse der Eltern.

Es ist so wichtig für uns zu begreifen, daß Bitten eine sehr effektive Möglichkeit ist, Weisungen zu erteilen. Es macht uns nicht nachgiebig oder weich. Bitten ist einfach eine besonders überlegte, freundliche, einfühlsame Ausdrucksweise, einem Kind unsere Wünsche zu übermitteln. Das trifft besonders dann zu, wenn ein Kind eine Sache gerne und nicht widerwillig tun soll.

Als ich z. B. einmal gerade in der Badewanne saß, merkte ich, daß keine Handtücher da waren. So ergriff ich, als mein fünfjähriger Sohn hereinkam, die Gelegenheit, ihn zu bitten: »Dale, würdest du mir bitte von unten ein Handtuch holen?« Dale tat das sehr gerne und war in Sekundenschnelle mit dem Handtuch wieder da.

Ein anderes Beispiel: Ein Sonntagsschullehrer meines neunjährigen Sohnes hatte Schwierigkeiten mit den sehr unruhigen Kindern. Jetzt hatte ich die Wahl, ganz autoritär von David zu verlangen: »benimm dich!« oder das Problem mit ihm durchzusprechen, die Sachverhalte klarzulegen und ihn dann um Kooperation zu bitten. Ich zog das letztere vor, und unsere Unterhaltung endete damit, daß ich sagte: »Ich möchte, daß du aufpaßt, David, dich an den Diskussionen beteiligst und alles lernst, so gut du kannst. Tust du das bitte, David?« Soweit, so gut.

Befehle

Wir müssen uns jedoch über eines im klaren sein, Bitten genügen nicht immer. Gelegentlich müssen Eltern etwas energischer sein und ihre Anordnungen nicht in Form von Bitten, sondern als Befehle an ihre Kinder geben. Das geschieht meistens, wenn ein Kind gebeten wurde, etwas zu tun, dann aber versäumt hat, es auszuführen. Ehe die Eltern irgend etwas anderes unternehmen, sollten sie sich vergewissern, ob ihre Bitte zumutbar war, d. h. ob sie dem Alter des Kindes, seinem Verständnisgrad und seinen Fähigkeiten angemessen war. Der häufigste Fehler, der in dieser Hinsicht gemacht wird, ist die Überschätzung der kindlichen Fähigkeiten.

Das klassische Beispiel dafür ist, ein vierjähriges Kind aufzufordern, seine Sachen alleine aufzuräumen. Nur wenn es sich dabei um zwei oder drei Dinge handelt, hat diese Bitte Zweck, andernfalls ist sie sinnlos. Die Eltern müssen diese Aufgabe zusammen mit dem Kind erledigen. Manchmal nehmen Eltern irrtümlicherweise an, diese Aufgabe sei angemessen; wenn sich das Kind dann weigert oder es nicht schafft, allein aufzuräumen, werden sie böse und bestrafen es, anstatt ihm dabei zu helfen.

Von großem Wert sind Bitten auch bei der Entscheidung darüber, ob es Zweck hat, einem Kind eine bestimmte Aufgabe zu übertragen oder nicht. Sie kennen Ihr Kind besser als irgend jemand sonst auf der Welt. Wenn Ihr Kind bei zahllosen früheren Gelegenheiten ohne weiteres die ihm übertragene Aufgabe ausgeführt hat und sich auf einmal weigert, wäre es ein großer Fehler, böse zu werden und es zu bestrafen. Da Sie früher mit dieser Bitte keine Probleme hatten, muß jetzt offensichtlich irgend etwas an der Sache nicht mehr stimmen. Möchten Sie nicht wissen, was es ist? Ich schon, ich würde alles daransetzen, das Problem zu lösen, denn es könnte unerhört wichtig sein.

In diesem Falle würde ich mich um die Sache kümmern und dann versuchen zu erreichen, daß mein Kind die Aufgabe freiwillig übernimmt, anstatt es ohne Kenntnis der genauen Situation zu zwingen. Wenn das Verhalten meines Kindes begründet war, müßte ich dafür bestraft werden, weil ich es gegen seinen Willen zu dieser Aufgabe zwingen wollte.

Als Vater oder Mutter trage ich die alleinige Verantwortung für das Wohlverhalten meines Kindes, aber ich bin genauso verantwortlich für sein absolutes Wohlbefinden. Ich muß dafür sorgen, daß mein Kind durch den Mißbrauch meiner elterlichen Gewalt und Autorität nicht verletzt wird. Sein künftiges Glück und Wohlbefinden hängen ganz davon ab, wie ich meine elterliche Autorität ihm gegenüber gebrauche.

An dieser Stelle möchte ich eine wichtige Ermahnung einfügen. Je häufiger Eltern ihre Autorität durch Befehle, Schelte, Nörgeln oder Anschreien ausüben, desto unwirksamer wird diese sein. Es ist wie mit dem Jungen, der so oft rief: »Der Wolf ist da!«, daß sein Rufen, als es darauf ankam, überhört wurde. Wenn Eltern normalerweise freundlich zu bitten pflegen, wird ein gelegentlicher direkter Befehl viel wirksamer sein. Je öfter Eltern sich auf autoritäre Weise an ihr Kind wenden, umso weniger Widerhall werden sie finden; das trifft besonders dann zu, wenn sie dabei auch noch ärgerlich, böse oder hysterisch sind.

Sind Sie z. B. einmal in einer Familie gewesen, in der ständige Spannung herrscht? Hier haben die Eltern alle ihre Autorität und übrige Kraft dazu verwandt, ihre Kinder bei täglichen Routineangelegenheiten in Disziplin zu üben. Wenn aber in ungewöhnlichen und lebenswichtigen Situationen wirklich einmal Eindringlichkeit und Autorität notwendig sind, haben diese armen Eltern kein geeignetes Mittel mehr, um sich durchzusetzen. Die Kinder reagieren dann so, wie sie es normalerweise auf die Wünsche ihrer Eltern tun; sie sind in Notfällen nicht hilfsbereiter, als wenn es sich um so gewöhnliche Dinge wie ein zerrissenes Schuhband handelte.

Wir als Eltern müssen die schweren Geschütze für die wirklich wichtigen Situationen aufheben, dafür brauchen wir die restliche Munition. Durch überlegtes, vernünftiges Bitten können wir den Umgang mit Kindern viel erfreulicher gestalten als durch Befehle – und das ist doch so wichtig.

Neulich machte ich den Fehler, meinen Söhnen einen strengen Befehl zu erteilen, wo eine einfache Bitte genügt hätte. Ich war mit den beiden Jungen allein zu Hause und wollte mit ihnen das Haus sauber machen, ehe Pat von einem Wochenendseminar zurückkam. Es fing alles recht gut an. Ich bat die Jungen, ihre Zimmer zu putzen, während ich die Betten machte. Als ich nach wenigen Minuten zurückkam, waren beide eifrig mit ihrer Arbeit beschäftigt, aber ich sah, daß sie ein paar Kleidungsstücke auf den Boden geworfen hatten, anstatt sie aufzuhängen. David und Dale sind gewöhnlich folgsam und einfach im Umgang, eine kurze Erklärung oder eine einfache Bitte hätten genügt, aber ich war irgendwie ärgerlich und gereizt. Also schrie ich sie an, sie sollten sofort die Kleider aufhängen, die sonst ruiniert würden. Merken Sie den Fehler, den ich machte? Ich hätte nicht so energisch werden sollen, wenn eine einfache Erklärung oder Bitte genügt hätten.

Ich hätte meine Eindringlichkeit für den Zeitpunkt aufsparen sollen, wo ich in einer schwierigen Lage eine wirklich schnelle Hilfe brauchte. Als wir z. B. an einem Sonntag nach der Kirche auf dem Parkplatz standen, lief Dale um unser Auto herum, und in dem Moment kam ein anderer Wagen herausgefahren – es war eine gefährliche Situation. Ich schrie Dale zu, herzukommen. Gott sei Dank hörte er die Dringlichkeit in meiner Stimme und folgte sofort. Wenn ich mit Dale immer herumschreien würde, hätte er bestimmt routinemäßig reagiert.

Eine andere Sache passierte, als mein neunjähriger David und ich mit ein paar Freunden Korbball spielten. Wir vergaßen alle die Zeit, weil es uns soviel Spaß machte; infolgedessen spielten wir viel zu lange und waren alle entsprechend müde. Dann fiel David hin, weil ihn jemand umgerannt hatte, und verletzte sich leicht am Knöchel. Dieser Schmerz war mehr, als ein völlig erschöpfter Junge in dem Moment ertragen konnte. Er wurde wütend auf den Jungen, der ihn umgerannt hatte, und ging auf ihn los. Ich erkannte, daß David in dieser Situation unverhältnismäßig reagierte, aber es war gleichzeitig eine gute Lehre für ihn.

Als erstes war ich überzeugt davon, daß Davids »emotioneller Tank« gefüllt war; an diesem Wochenende war ihm viel Zuwendung, Augen- und körperlicher Kontakt und konzentrierte Aufmerksamkeit zuteil geworden. Als zweites äußerte ich eine Bitte. Ich bat David, mit mir irgendwohin zu gehen, wo wir ungestört reden könnten. Er war viel zu wütend, um zu folgen. Damals war Strenge nötig, um ihn zu kontrollieren. – Die nächste Stufe, auf der mehr Autorität gezeigt wird, ist die direkte Weisung oder der Befehl. – Ich sagte also in festem Ton: »David, komm jetzt mit!« Er gehorchte sofort. Als wir allein waren und er sich beruhigt hatte, sprachen wir darüber, wie man so wütend werden könnte, daß man seine Selbstbeherrschung verliert, und was man dagegen tun kann. Das war eine sehr nützliche Viertelstunde für David, weil er so viel über Selbstbeherrschung und unangebrachten Zorn gelernt hat.

Nehmen wir einmal an, David hätte nicht gehorcht, wie ich es wünschte, er hätte sich nicht beruhigt und wäre mit seiner Wut nicht fertig geworden, als ich ihm das befahl, dann hätte ich ihn als nächstes an einen ruhigen Ort bringen müssen, wo er ganz allein gewesen wäre. Wenn er mir dorthin nicht auf meinen Befehl gefolgt wäre, hätte ich zum nächsten Mittel greifen müssen, nämlich zur körperlichen Gewaltanwendung. Aber auch in diesem Falle hätte ich die am wenigsten harte Methode angewandt. Ich hätte ihn bei der Hand genommen, hätte vielleicht den Arm um ihn gelegt und ihn zu einem ruhigen Platz geführt. Es kommt darauf an, das Verhalten eines Kindes auf möglichst sanfte, einfühlsame und liebevolle Weise unter Kontrolle zu haben.

Es wäre durchaus möglich gewesen, daß David auf jede Art von Zuspruch überhaupt nicht reagiert hätte. Er hätte sich weigern können, das zu tun, was ich in der damaligen Situation von ihm wollte. Das könnten wir mit Trotz bezeichnen. Jeder von uns hätte versucht, seinen Willen durchzusetzen.

Trotz ist einer der wenigen Hinweise für notwendige Bestrafung. Trotz ist der offene Widerstand, die Bedrohung der Autorität – in diesem Falle der elterlichen Autorität. Es ist das eigensinnige Verweigern des Gehorsams. Natürlich können wir Trotz, so wie jede andere Unart auch, nicht dulden. Zu diesem Zeitpunkt ist Bestrafung angezeigt, und so etwas wird immer wieder vorkommen, ganz gleich, was wir tun.

Trotzdem müssen Eltern solche unerfreuliche Zusammenstöße zu vermeiden suchen, und zwar nicht dadurch, daß sie jedem unsinnigen Einfall oder Wunsch eines Kindes nachgeben, sondern indem sie immer wieder ihre eigenen Erwartungen dem Kind gegenüber prüfen, um sicher zu gehen, daß sie vernünftig, wohlüberlegt und dem Alter des Kindes, seinem Entwicklungsstand und seinen Fähigkeiten zu gehorchen angemessen sind. Es wird tatsächlich Situationen geben, die eine Bestrafung häufig erfordern, aber wenn Eltern merken, daß sie ihr Kind häufig strafen, sollten sie besser noch einmal ihre Beziehung zu ihrem Kind überdenken und auch, was sie von ihrem Kind erwarten.

Stellen Sie sich vor, ein Kind wird außerordentlich trotzig, und sein trotziges Betragen läßt das Füllen des »emotionellen Tanks« nicht zu. Das Kind reagiert weder auf Bitten noch auf Befehle und bleibt weiterhin trotzig. – Ich muß hier noch einmal betonen, diese Situation sollte recht selten vorkommen. Kommt sie doch einmal vor, sollten Sie sich zuerst vergewissern, ob Sie alle anderen Möglichkeiten wahrgenommen haben, ehe Sie an Bestrafung denken. – Das Kind muß dann bestraft werden, aber wie?

Angemessene Bestrafung

Es ist nie ganz einfach, eine geeignete Strafe zu finden. Die Strafe muß dem Vergehen entsprechen. Ein Kind hat ein sehr sicheres Gefühl für Fairneß und Konsequenz, es merkt, wenn Eltern zu heftig reagieren oder zu streng mit ihm sind; es merkt aber auch, wenn sie sich zuviel gefallen lassen. Auch inkonsequentes Verhalten, entweder ihm allein gegenüber oder im Vergleich mit anderen Kindern, besonders mit Geschwistern, fällt einem Kind auf. Aus diesem Grunde müssen Eltern fest und konsequent sein. Sie sollen immer ordentliches Verhalten von ihrem Kind fordern und dürfen keine Angst haben, es gleichzeitig ständig zu lieben und zur Disziplin anzuhalten. Eltern müssen besonders bei Bestrafungen aber auch flexibel bleiben.

Flexibilität ist aus verschiedenen Gründen notwendig. Wenn Sie annehmen, Eltern sollten bei Strafen stets fest auf ihrer getroffenen Entscheidung beharren, stellen Sie sich selbst ins Abseits. Selbstverständlich dürfen Eltern ihre Meinung ändern oder die Strafe herabsetzen oder verschärfen. – Denken Sie aber daran, der Nachteil der körperlichen Bestrafung ist, man kann Schläge, wenn sie erst einmal ausgeteilt worden sind, nicht mehr rückgängig machen.

Natürlich sollen Eltern auch nicht zu oft ihre Meinung wechseln, da sie sonst zu weich und unentschieden wirken und das Kind verunsichern könnten. Ich denke z. B. an folgendes: Wenn Eltern eine Strafe verhängt haben, sagen wir eine Stunde Stubenarrest, und sie entdecken später »mildernde Umstände«, die die Strafe als zu hart erscheinen lassen, dann wäre es logisch und gerecht, die Strafe herabzusetzen und die Gründe dafür dem Kind zu erklären. Ist das Kind jedoch schon bestraft worden und hat es eine unangemessene hohe Strafe bekommen, ist es vollkommen richtig, wenn sich die Eltern deswegen entschuldigen und versuchen, alles wieder gutzumachen.

Eltern müssen flexibel sein, um die Möglichkeit zu haben, gegebenenfalls ihre Erziehungsmethoden abzuändern. Sie müssen auch flexibel sein, um sich unter Umständen bei ihrem Kind entschuldigen zu können. Die Notwendigkeit, hin und wieder seine Entscheidungen ändern zu müssen und um Verzeihung zu bitten, besteht in jeder Familie.

Flexibel sein, um in geeigneter Weise unsere Disziplinversuche zu ändern, und fest bleiben sind zwei ganz verschiedene Dinge, aber beide sind wichtig. Festigkeit bezieht sich zuerst einmal auf alles, was mit unseren Erwartungen an ein Kind und mit seinen Reaktionen auf unsere Bitten zu tun hat. Wenn unsere Erwartungshaltung zu starr ist, sind wir unvernünftig, das wäre z. B. der Fall, wenn wir von einem Zweijährigen die ständige Befolgung unserer Wünsche erwarten würden. Ein normales zweijähriges Kind ist von Natur aus meistens ablehnend gestimmt und wirkt daher ungehorsam und trotzig. Das ist aber eine ganz normale Entwicklungsphase, wir wollen sie den »Zweijährigen-Negativismus« nennen. Bestrafung wäre hier unberechtigt. Liebevolle Eltern werden im Umgang mit ihrem Zweijährigen fest bleiben, jedoch fest nur in bestimmten Grenzen, nicht in der Bestrafung. Diese Eltern werden das Verhalten ihres Kindes kontrollieren, indem sie es physisch sanft zu lenken suchen, sie heben es z. B. auf, drehen es um, führen es oder setzen es auf den richtigen Platz richtig hin.

Dieser »Zweijährigen-Negativismus« ist entscheidend für die normale kindliche Entwicklung. Auf diese Weise haben wir alle angefangen, uns psychologisch von unseren Eltern zu lösen. Es scheint sich dabei um Trotz zu handeln, ist aber etwas völlig anderes. Ein Unterschied zwischen beiden Erscheinungen ist: Trotz ist wie eine Kriegserklärung, dagegen ist »Zweijährigen-Negativismus« durchaus normal und sollte nicht bestraft werden. Andererseits dürfen wir den streitlustigen Trotz nicht dulden, sondern müssen ihn bekämpfen.

Mit zunehmendem Alter nimmt auch die Fähigkeit eines Kindes zu, ausgesprochene Bitten zu befolgen, und wenn es vier Jahre alt geworden ist – das ist jedoch von Kind zu Kind verschieden –, können die Eltern erwarten, daß es der ersten Bitte nachkommt. Bei meinen eigenen Kindern erwarte ich auch mit Sicherheit, daß sie sofort meinen Wünschen nachkommen. Wenn sie das nicht tun, wissen sie, daß ich Maßnahmen ergreifen werde. Selbstverständlich haben sie das Recht, gegen meine Wünsche berechtigte Einwände zu erheben oder Fragen zu stellen, aber wenn ich meine Meinung nicht ändere, wissen sie, sie müssen meine Bitte ausführen.

Es ist so wichtig, daran zu denken, daß fest sein nicht gleichbedeutend ist mit unfreundlich sein. Wir müssen in unseren Erwartungen ebenso fest sein wie bei der Durchsetzung dieser Erwartungen, aber wir erreichen genau soviel, wenn wir dabei freundlich sind. Liebevolle Festigkeit erfordert nicht, daß wir gleichzeitig ärgerlich, laut, autoritär oder sonst unfreundlich sind.

Eine der wichtigsten Erkenntnisse in der Kindererziehung sagt uns, daß ein Kind alle Formen der liebevollen Zuwendung gleichzeitig erfahren muß. Es braucht Augen- und körperlichen Kontakt, konzentrierte Aufmerksamkeit und Disziplin zur selben Zeit, d. h. ein Kind muß unsere Liebe und Festigkeit zusammen erfahren, sie schließen sich nicht wechselseitig aus. Fest sein bedeutet nicht, daß man nicht auch zärtlich ist, Zärtlichkeit schwächt die Festigkeit nicht ab und begünstigt nicht die Nachgiebigkeit. Das Fehlen von Festigkeit jedoch und die Unfähigkeit, feste Grenzen zu setzen, fördert Schwäche und Nachgiebigkeit – Liebe und Zärtlichkeit tun das nicht.

Wenn Eltern alle vorher genannten Arten von Liebe und Disziplinen gewissenhaft versucht haben, und ihr Kind bleibt trotzdem bei seiner trotzigen Haltung, dann müssen sie es bestrafen. Die Art Trotz muß gebrochen werden. Die Strafe muß streng ausfallen, um den Trotz zu brechen, aber sie muß gleichzeitig so milde wie nur möglich sein, um Probleme, die wir diskutiert haben, zu verhindern. Wenn ein Befehl oder eine Erklärung ausreichen, um den Trotz des Kindes zu brechen, warum sollten wir dann zu härteren Strafen greifen?

Vielleicht genügt es, ein Kind für eine Weile auf sein Zimmer zu schikken, oder man entzieht ihm lediglich ein Vorrecht, um mit seinem Trotz fertigzuwerden. Darüber müssen wir uns im klaren sein, körperliche

Züchtigung ist manchmal bei einer ausgesprochenen trotzigen Haltung nötig, aber sie ist erst das allerletzte Mittel.

Wir müssen vorsichtig sein

Wenn wir doch zur körperlichen Bestrafung greifen, müssen wir in verschiedener Hinsicht achtsam sein. Das Kind muß erstens klar verstehen, warum es bestraft wird. Wir müssen ihm an seinem Betragen genau erklären, was es verkehrt gemacht hat. Worte wie »böser Junge« können ein Kind in seinem Selbstbewußtsein verletzen und sollten daher nicht benutzt werden.

Zweitens müssen wir als Eltern darauf achten, daß wir unserem Kind keinen physischen Schaden zufügen, z. B. kann man versehentlich leicht einen Finger verletzen.

Drittens sollte man das Kind gleich nach der Bestrafung, wenn es noch weint, allein lassen, jedoch in der Nähe bleiben, um zur Stelle zu sein, wenn das Weinen aufhört. Dann nämlich schaut das Kind um und stellt an uns die Frage: »Liebt ihr mich immer noch?«, und wir als Eltern sollten ihm dann Blickkontakt, physischen Kontakt und konzentrierte Aufmerksamkeit im Überfluß schenken, damit es sicher weiß, wie lieb wir es trotzdem haben.

Verhaltensänderungen

Jetzt zum Schluß ist es wohl an der Zeit, die Verhaltensänderung zu erwähnen. Die Ideen hierüber sind heute in der Kinderziehung weit verbreitet. Im Grunde basiert die Verhaltensänderung auf der Stärkung des Positiven (in die Umgebung des Kindes wird etwas Positives eingebracht), auf der Stärkung des Negativen (aus der Umgebung des Kindes wird etwas Positives entfernt) und auf der Bestrafung (etwas Negatives wird in die Umgebung des Kindes eingebracht). Ein Beispiel für die Stärkung des Positiven ist, wenn man einem Kind für ordentliches Betragen Süßigkeiten oder Obst schenkt. Bei der Stärkung des Negativen werden dem Kind wegen schlechten Betragens z. B. Vorrechte beim Fernsehen entzogen. Bestrafung ist, z. B. das Kind im Nacken zu packen und zu schütteln.

Es liegt jenseits der Möglichkeit dieses Buches, dieses Thema voll auszuschöpfen, ich möchte jedoch einige wichtige Anmerkungen machen.

Erst einmal ist der Verhaltensänderung eine solche Bedeutung beigemessen worden, daß derartige Techniken häufig sogar die emotionale Zuwendung ersetzen. Wenn Eltern ihrem Kind gegenüber zu häufig Verhaltensänderungen praktizieren, wird sich das Kind nicht geliebt fühlen.

Warum? Zunächst ist die Verhaltensänderung an Bedingungen geknüpft. Ein Kind erhält eine Belohnung nur dann, wenn es sich auf eine bestimmte Weise verhält. Ferner befassen sich Verhaltensänderungen nicht mit den Gefühlen eines Kindes oder seinen emotionalen Bedürfnissen, wie Liebe. Folglich können Eltern, deren Erziehung auf der Verhaltensänderung aufbaut, ihrem Kind keine bedingungslose Liebe schenken.

Erinnern wir uns an das Beispiel aus dem letzten Kapitel, als Dale nach meiner dreitägigen Abwesenheit so ungezogen war und ich seinen »emotionellen Tank« wieder füllen mußte. Ein Verhaltensfanatiker würde sagen, ich hätte Dale noch für seine Ungezogenheit belohnt, indem ich ihm damals meine liebevolle Zuwendung schenkte. Sehen Sie den Unterschied? Eltern können nicht in erster Linie Verhaltensänderung üben und gleichzeitig ihr Kind bedingungslos lieben.

Ein anderes Problem stellt das unangemessene Wertsystem dar, das ein Kind bekommt, wenn es nur mit Verhaltensänderung erzogen wird. Es lernt Dinge nur gegen eine Belohnung zu tun und entwickelt eine »Was-bekomme-ich-dafür-Einstellung«. Ein Beispiel aus der Familie eines guten Freundes: Er ist ein Verhaltensfanatiker und erzieht seine Kinder strikt nach dem Verhaltensänderungsprinzip. Als wir einmal bei ihm zu Abend aßen, erzählte er: »Jerry ist gerade zwei, und er kann schon bis 100 zählen. Paßt mal auf!« Er ging auf seinen Sohn zu und sagte: »Jerry, zähl doch mal bis hundert, dann kriegst du auch ein Mars von mir.« Darauf Jerry: »Ich will aber kein Mars.« Wenn wir möchten, daß unsere Kinder aus Freude an einer Sache Dinge tun oder aus Stolz, weil sie etwas so gut können, dann sollten wir lieber nicht die Verhaltensänderung anwenden. Das Endergebnis ist nur eine verkehrte Motivation.

Ein letztes Problem, das aus der Verhaltensänderung resultiert, ist dies: Wenn Eltern diese Methoden zu häufig anwenden, wird ein Kind lernen, dieselbe Technik seinen Eltern gegenüber zu benutzen, um seine Wünsche durchzusetzen. Es wird sich so verhalten, wie die Eltern es möchten, nur damit seine eigenen Wünsche erfüllt werden. So etwas nennt man allgemein Manipulation. Der sicherste Weg, ein berechnendes Kind zu bekommen, ist zu oft praktizierte Verhaltensänderung.

Nachdem ich jetzt die negativen Aspekte der Verhaltensänderung dargelegt habe, möchte ich zu den positiven kommen. Natürlich ist für sie ein Platz in der Kindererziehung, nur nicht als wichtigste Möglichkeit, eine Beziehung zum Kind herzustellen – das ist allein die bedingungslose Liebe.

Verhaltensänderung sollte nur bei speziellen, sich wiederholenden Verhaltensproblemen angewandt werden, bei denen ein Kind weder Reue noch Trotz zeigt. Solch ein Problem muß so typisch sein, daß es von einem Kind leicht verstanden werden kann.

Wir begegneten solch einem Problem in unserer eigenen Familie. Vor etwa sechs Monaten befanden sich unsere beiden Jungen in einem Stadium, in dem sie ständig miteinander kämpften. Natürlich hatte keiner deswegen ein schlechtes Gewissen. – Verzeihen war hierbei sicherlich fehl am Platze –, auch war keiner von ihnen hinterher bockig. Mit Bitten konnten wir gar nichts ausrichten, Befehle wirkten nur für ein paar Stunden, Strafen hatten auch nur eine kurze Wirkung und waren unerfreulich für jeden von uns. Was hätte Ihrer Meinung nach noch Sinn gehabt? Sie haben es sicher erraten, es war tatsächlich ein Belohnungssystem.

Wir benutzten eine Sternchentechnik, es gab jedesmal ein Sternchen für 15 Minuten Ruhe. Wenn der Frieden länger anhielt, erhöhte sich die Anzahl der Sternchen. Jeder der beiden Jungen erhielt für eine bestimmte Anzahl Sterne eine angemessene Belohnung. Dieses System bewährte sich vorzüglich, und wir hatten Ruhe.

Man sollte bei der Anwendung dieser Technik jedoch eines beachten: Sie erfordert Zeit, Konsequenz, echtes Engagement und Beharrlichkeit. Fangen Sie diese Methode gar nicht erst an, wenn Sie sie nicht konsequent bis zum Ende durchführen können, denn sonst ist alle Mühe vergeblich.

Es gibt eine große Anzahl guter Bücher über die Verhaltensänderung, aus denen Sie mehr über diese Technik erfahren können.

Dies ist ein langes Kapitel geworden, trotzdem möchte ich noch etwas hinzufügen. Wie Sie wissen, muß eine gute Kindererziehung ausgeglichen sein. Ein Kind braucht alles, was wir besprochen haben: Augen- und körperlichen Kontakt, konzentrierte Aufmerksamkeit, Disziplin, Bitten, Festigkeit, Flexibilität, Befehle, Verzeihung, Strafe, Verhaltensänderung, Anleitung, Führung, Beispiel und konzentriertes Zuhören. Aber wir müssen unserem Kind das alles in einem vernünftigen Maße geben. Ich hoffe, unsere Diskussion wird Ihnen dabei helfen, so daß sich Ihr Kind bedingungslos geliebt fühlt.

11. Kinder mit besonderen Problemen

Warum haben Kinder mit besonderen Problemen wie Diabetis, Lernschwierigkeiten, Taubheit, übersteigerter Aktivität oder geistiger Behinderung gewöhnlich sehr viel größere emotionale und verhaltensmäßige Probleme? Die Antwort auf diese Frage ist äußerst komplex. Es liegt außerhalb der Möglichkeiten dieses kleinen Buches zu erklären, warum Kinder, die einem dieser Problemkreise angehören, stärker zu Gefühls- und Verhaltensstörungen neigen.

Einige sachdienliche Hinweise können jedoch für Eltern solcher Kinder hilfreich sein, denn sie stehen in ursächlichem Zusammenhang mit der liebevollen Zuwendung, die wir unseren Kindern geben sollen.

Wahrnehmungsprobleme

Zunächst wollen wir uns mit den Wahrnehmungsproblemen beschäftigen. Es ist zwar schwer zu definieren, was Wahrnehmung eigentlich ist, doch wir wollen es hier versuchen. Es kann bedeuten, Information von der sinnlichen Wahrnehmung auf die geistige zu übertragen, wobei ein Kind mit Wahrnehmungsproblemen dann Schwierigkeiten hat, Information aus der Umgebung aufzufangen und sie zu verstehen. Anders ausgedrückt, wenn also eine Information, wie z. B. Ton und Berührung vom Verstand eines solchen Kindes verarbeitet werden soll, hat es Schwierigkeiten, sie klar zu begreifen. Das Verständnis seiner Umgebung ist besonders auf jenen Gebieten verzerrt, auf denen seine Fehlwahrnehmung liegt.

Wenn wir diese weite und vereinfachte Definition von Wahrnehmungsproblemen verwenden, stellen wir fest, daß viele Spezialprobleme dazu gerechnet werden können. Seh- und Gehörprobleme, bestimmte Nervenkrankheiten, viele Arten von Lernschwierigkeiten haben etwas gemeinsam: Jedes Kind, das an einer dieser Störungen leidet, hat ein verzerrtes Bild von seiner Umgebung. Die ankommenden Reize oder Informationen sind für solch ein Kind auf die eine oder andere Weise verzerrt.

Erkennen Sie die große Bedeutung dieser Tatsache, abgesehen einmal von der eigentlichen Wahrnehmungsstörung? Jede Möglichkeit für uns, einem Kind unsere Liebe zu zeigen, erfordert den Gebrauch eines oder mehrerer Sinne. Augenkontakt verlangt das Erfassen des visuellen Bildes, Körperkontakt den Gebrauch des Tastsinnes, der an sich schon außerordentlich komplex ist. Die konzentrierte Aufmerksamkeit erfordert den Gebrauch aller unserer Sinne. Wenn also Verzerrung der Wahrnehmung auf irgendeinem dieser Gebiete herrscht, dann ist auch das Verständnis des Kindes für unser Gefühl ihm gegenüber verzerrt. Das erschwert natürlich unsere liebevolle Zuwendung zu diesem Kind.

Diese Schwierigkeit, sich geliebt zu fühlen, ist ein bedeutsamer Grund dafür, daß wahrnehmungsgestörte Kinder gewöhnlich nicht genug Selbstgefühl besitzen. Daher werden sie auch mit zunehmendem Alter immer depressiver. Das führt häufig zu ernsten Gefühls- und Verhaltensstörungen, besonders in der frühen Pubertät.

Die übliche Entwicklung eines wahrnehmungsmäßig behinderten Kindes mit daraus resultierenden Lernschwierigkeiten endet damit, daß dieses unglückliche Kind schulisch und auch sonst nicht mit seinen Kameraden mithalten kann. Es erzielt nur kümmerliche Ergebnisse oder muß auch sonst beständig entmutigt Erfahrungen machen. Selbst in Situationen, in denen es nicht um Noten geht, ist es sich seines Versagens bewußt. Wenn es in die Vorpubertätsphase kommt, wird es mehr und mehr depressiv.

In dieser Altersstufe äußert sich Depression ganz anders als in jeder anderen. Gewöhnlich handeln und wirken diese Kinder gar nicht besonders niedergeschlagen, bis die Depression auf einmal beängstigende Ausmaße annimmt. Solche Jugendliche im Alter von 12 bis 14 Jahren zeigen ihre Depression durch mangelnde Aufmerksamkeit im Unterricht (verminderte Aufmerksamkeitsspanne und Konzentrationsunfähigkeit) mit dem Ergebnis sich verschlechternder Noten. Als Folge sind dann die Kinder dauernd gelangweilt und verlieren das Interesse an gesunder sportlicher Betätigung. Zu diesem Zeitpunkt fühlt sich der Jugendliche ausgesprochen elend.

Wenn dieses Stadium der Langeweile andauert, wird der Jugendliche gelegentlich seiner Depression und seinem Elend erliegen. Ein schwer deprimiertes und gelangweiltes Mädchen kann in dieser Lage ständig wechselnden Geschlechtsverkehr haben, drogenabhängig werden, weglaufen oder ein anderes asoziales Verhalten zeigen. Ein Junge in vergleichbarer Lage wird zu ähnlichem Verhalten neigen, doch mehr mit der Tendenz zu gewaltsamen Handlungen, wie Diebstahl oder Schlägereien.

Da wir nun wissen, daß Kinder mit Wahrnehmungsschwierigkeiten fast immer zu mangelndem Selbstvertrauen und Depression sowie zu dem Gefühl, nicht geliebt und akzeptiert zu werden, neigen, stellt sich uns die Frage, wie wir ihnen helfen können. Ich bin sicher, das Gebiet, auf dem sie vor allem Hilfe brauchen, wird meistens völlig übersehen. Es ist unschwer zu erraten: Diese Kinder brauchen mehr als alle anderen das Gefühl der echten bedingungslosen Liebe. Sie werden dann leichter mit ihren Schwierigkeiten fertig.

Wie sollen wir das anfangen? Wir müssen das auf die gleiche Weise tun, wie wir auch allen anderen Kindern unsere Liebe schenken. Dabei muß uns klar sein, daß, wenn auch ihre Wahrnehmung manchmal verzerrt ist, sie es selten auf *allen* sensuellen Gebieten ist. Diese Kinder brauchen fast immer mehr Zuneigung als andere, um sich geliebt zu fühlen. Dazu kommt, diesen armen Kindern muß unsere Liebe in ganz direkter, vereinfachter und betonter Form geschenkt werden, wenn nicht sogar auf noch intensivere Weise. Alles dies ist nötig, um sicher zu gehen, daß diese Kinder unsere Gefühle nicht mißverstehen, sondern eine klare Botschaft von unserem Herzen zu dem ihren empfangen. Unsere liebevolle Beziehung zu solchen Kindern muß ganz eindeutig und stark sein.

Andere gesundheitliche Probleme

Kinder mit chronischen, also langandauernden Krankheiten neigen ebenso zu Gefühls- und Verhaltensproblemen. Dies gilt besonders für Krankheiten, die ständige Überwachung und fortgesetzte Aufmerksamkeit erfordern, wie z. B. Jugenddiabetis. Die Pflege von Kindern mit dieser Krankheit verlangt von den Eltern einen enormen Aufwand an Zeit und Mühe. Das führt dazu, daß die Eltern leicht ihre ganze Aufmerksamkeit der Behandlung der Krankheit widmen und darüber andere Bedürfnisse des Kindes vernachlässigen, und das geschieht gerade im Hinblick auf die emotionalen Bedürfnisse.

Die Fürsorge der Eltern erschöpft sich darin, die genaue Dosis an Insulin zu verabreichen, die Diät zu regeln, Glukose-Bestimmungen und ähnliches durchzuführen, so daß die notwendigen Pflegevorgänge oft die natürliche liebevolle Zuwendung ersetzen. So notwendig diese medizinischen Pflichten auch sind, können sie doch keinen Ersatz für die bedingungslose Liebe sein, die durch Augenkontakt, physischen Kontakt und konzentrierte Aufmerksamkeit übermittelt wird. Wenn die Kinder älter werden, werden sie, besonders während der Pubertät, immer reizbarer, widerspenstig und wegen ihrer Krankheit verbittert. Infolge des vorher erwähnten Ersatzes von medizinischer Betreuung anstatt Liebe lehnen sich die Kinder gegen die Krankheit und gegen ihre Eltern auf. Sie geben sich nicht nur ihren Eltern gegenüber feindselig und ablehnend, sondern auch gegenüber jeder anderen Autorität. Sie neigen zu Depressionen mit all ihren Folgeerscheinungen.

Schlimmer noch, sie nutzen häufig die Schwere ihrer Krankheit aus, um sich ihren Eltern zu widersetzen und Zorn und Frustration zur Schau zu tragen. Dies kann durch die Einnahme von zuviel Insulin hervorgerufen werden, durch das Verzehren von zuviel Kohlenhydraten oder durch ähnliches. Manche kommen aufgrund dieser Trotzhaltung zu Tode.

Natürlich gibt es auch noch andere Gründe, die bei dieser komplexen Krankheit zu einer so bitteren und zerstörerischen Haltung der jungen Patienten beitragen. Meiner Erfahrung nach sind es zwei Hauptgründe, warum diese armen Kinder so überaus ablehnend und trotzig sind. Der erste ist, wie wir bereits erwähnten, daß medizinische Praktiken an die Stelle von Liebesbezeigungen treten. Der zweite ist ungenügende Beschränkung und mangelnde Kontrolle der Lebensweise des Kindes durch die Eltern, z. B. fühlen sie wegen seiner Krankheit Mitleid mit dem Kind. Sie haben vielleicht auch Schuldgefühle, Angst oder Depression. Wenn die Eltern das Verhalten der kranken Kinder nicht genauso kontrollieren wie das der anderen, nämlich mit Festigkeit, dann können die Kinder mit den Eltern machen, was sie wollen. Dies ist besonders bei chronisch kranken Kindern der Fall. Sie können ihrerseits die Krankheit benutzen, um die Eltern zu kontrollieren. Diese Kinder wissen also die Schuldgefühle und das Mitleid der Eltern auszunutzen, indem sie ihnen Angst machen, ihr Zustand könne sich verschlimmern, oder aber sie drohen nachdrücklich, in bezug auf die Krankheit einfach aufzugeben.

Dieses Verhalten kann sich bis zu einem gewissen Grade bei allen Kindern mit länger anhaltenden Behinderungen, Krankheiten oder anderen Problemen dieser Art zeigen, z. B. bei Asthma, chronischer Bronchitis, Herzfehlern, körperlichen Defekten, geistigem Zurückgebliebensein, Bewegungsstörungen, Nerven- oder Muskelerkrankungen, Zahnproblemen und selbst bei Lernbehinderungen. Diese Liste kann beliebig fortgesetzt werden.

Wenn also Ihr Kind eine Behinderung, ein Problem irgendwelcher Art hat, so steigern Sie sich nicht derart in dieses Problem hinein, daß Sie das Kind selbst vernachlässigen. Es braucht Ihre bedingungslose Liebe weit mehr als alles andere, weit mehr als die ärztliche Betreuung, wie notwendig diese auch sein mag, weit mehr als orthopädische Stützen, mehr als wissenschaftliche Heilgymnastik und als Übungen und Medikamente. Die unentbehrlichsten Hilfsmittel im Leben Ihres Kindes sind Sie, die Eltern, und die bedingungslose Liebe, die Sie ihm schenken. Hat es die, so kann Ihr Kind Kraft und Willen entwickeln, die Krankheit zu überwinden.

Das widerspenstige Kind

Ich möchte noch einige Überlegungen anstellen, wie man einem widerspenstigen Kind helfen kann, d. h. einem, das sich gegen Liebesbezeigungen sträubt. So unglaublich es klingt, viele Kinder zeigen einen angeborenen Widerwillen gegen die natürliche Äußerung von Zuneigung und Liebe. Sie sträuben sich gegen den Augenkontakt, sie möchten nicht berührt werden, sie halten nichts von konzentrierter Aufmerksamkeit.

Das kann in unterschiedlichen Abstufungen vorkommen. Einige Kinder sind nur ablehnend, während es anderen geradezu peinlich ist, eine Liebesbezeigung zu empfangen. Manche Kinder ertragen eine bestimmte Art von Liebkosung und lehnen die andere ab. Kein Kind ist hierin gleich.

Das widerspenstige Kind ist seinen Eltern ständig ein Rätsel. Liebevolle Eltern wissen instinktiv, daß ihr Kind Zärtlichkeit und jede Form der emotionellen Zuwendung braucht, aber wenn sie versuchen, dieses kindliche Bedürfnis zu befriedigen, dann finden die Kinder unzählige Ausweichmöglichkeiten. Das ist wirklich ein Dilemma. Viele Eltern resignieren, sie fügen sich dem, was ihrer Meinung nach »das Kind will«. Sie nehmen an, daß das Kind ihre Aufmerksamkeit, Liebe und Zärtlichkeit nicht nötig hat – ein verhängnisvoller Fehler!

Selbst das ausgesprochen widerspenstige Kind braucht alle Liebesbeweise, über die wir gesprochen haben, einschließlich der bedingungslosen Liebe. Da es jedoch Hemmungen hat, sie entgegenzunehmen, müssen die Eltern es lehren, nach und nach natürlich auf diese Liebe einzugehen.

Wir können fünf Gelegenheiten unterscheiden, bei denen ein widerspenstiges Kind fähig ist, Liebe zu empfangen. Innerhalb dieser Zeiträume ist der Widerstand des Kindes gering, und es ist fähig, sich unmittelbar auf der emotionalen Ebene zu bewegen, um für Gefühle empfänglich zu sein. Natürlich ist jedes Kind verschieden. Ein Kind ist vielleicht zu einem Zeitpunkt empfänglicher und zu einem anderen weniger. Es ist Sache der Eltern zu erkennen, wann ihr Kind für Liebe und Zärtlichkeit am zugänglichsten ist.

Meiner Meinung nach können wir als ersten aufgeschlossenen Zeitpunkt bezeichnen, wenn ein Kind etwas komisch findet. Es sieht vielleicht im Fernsehen eine lustige Szene; in diesem Moment haben die Eltern Gelegenheit zum Augenkontakt, körperlichen Kontakt und zu konzentrierter Aufmerksamkeit, während sie sich zu den betreffenden komischen Szenen äußern. Die Eltern müssen hier sehr schnell reagieren, weil die Abwehrhaltung des wirklich widerspenstigen Kindes nur kurze Zeit ausgeschaltet ist. Sie müssen ganz schnell sozusagen »ein- und aussteigen«, oder das Kind wird sich in Zukunft gegen eine derartige Taktik wehren.

Den zweiten Zeitpunkt der Empfänglichkeit haben wir, wenn das Kind etwas erreicht hat, auf das es mit Recht stolz ist. Das kann natürlich nicht irgend etwas sein. Das Erreichte muß so beschaffen sein, daß das Kind darüber wirklich glücklich ist. In diesem Augenblick können Eltern Augen- und körperlichen Kontakt versuchen, nach Möglichkeit auch konzentrierte Aufmerksamkeit, während sie das Kind loben. Aber auch hier darf man nicht des Guten zuviel tun und diesen Augenblick verlängern wollen, sondern muß wie oben »ein- und aussteigen«.

Die dritte Gelegenheit für Aufgeschlossenheit ergibt sich in Zeiten, in denen das Kind sich körperlich nicht wohl fühlt. Ein Kind kann krank sein oder eine Verletzung erlitten haben; seine Empfänglichkeit ist dann schwer voraussehbar. Zuweilen können Krankheit oder Schmerz die Fähigkeit des Kindes erhöhen, Liebe aufzunehmen, oft aber kann sich auch der Widerstand verstärken. Die Eltern sollten beständig solche Gelegenheiten zum Liebeserweis während Schmerzen und Krankheitszeiten aufspüren. Solche besonderen Augenblicke wird ein Kind niemals vergessen.

Die vierte Gelegenheit zur Empfänglichkeit bietet sich, wenn ein Kind seelisch verletzt worden ist. Das passiert in der Regel, wenn es Streit mit seinen Altersgenossen gehabt hat und diese sich dabei unfair verhalten haben. In solchen Momenten seelischer Belastung ist manches widerspenstige Kind bereit, unsere Liebesbezeigungen anzunehmen.

Der fünfte Zeitpunkt der Aufgeschlossenheit hängt weitgehend von früher gemachten Erfahrungen mit diesem besonderen Kind ab. Ein Kind hat vielleicht viele hübsche, eindrucksvolle Erlebnisse bei weiten Wanderungen mit seinen Eltern. Solch ein Kind wird wahrscheinlich während einer Wanderung aufgeschlossener für elterliche Liebeserweise sein. Ein anderes Kind hat vielleicht hübsche Erlebnisse beim Zubettgehen, wenn die Eltern ihm vorlesen, mit ihm sprechen und beten. Dieses Kind wird dann natürlich besonders aufgeschlossen sein. Aus diesem Grunde ist es höchst wichtig, für ein freundliches, warmes Routineerlebnis zu sorgen – das zahlt sich aus für Eltern und Kind. Das tägliche Schlafengehen ist z. B. so ein günstiger Zeitpunkt.

Um noch einmal zusammenzufassen: Alle Kinder brauchen die natürliche Art der Liebeszuwendung, Augen- und körperlichen Kontakt und konzentrierte Aufmerksamkeit. Wenn ein Kind diese Zuwendung nicht in reichlichem Maße entgegennimmt, sollten wir die Ursache herausfinden und den Mangel beheben.

Wir haben nur ein paar mögliche Probleme diskutiert, durch die einem Kind das vorenthalten wird, was es so nötig braucht. Ich wünschte, wir hätten Zeit und Raum genug, um auch über andere Kinder mit besonderen Problemen zu sprechen, z. B. über Kinder, die zu Schwermut neigen, Kinder aus geschiedenen Ehen, depressive oder todkranke Kinder und über Teenager.

12. Geistige Hilfe für unser Kind

Eine der hauptsächlichen Klagen, die wir heute von Teenagern hören, ist das Versagen der Eltern, ihnen ethische oder moralische Grundsätze mitzugeben, nach denen sie leben können. Diese Klage wird von älteren Kindern verschieden formuliert. Ein Jugendlicher sagt z. B., er suche einen »Sinn im Leben«. Ein Mädchen wünscht ein »Leitbild«, dem sie folgen könne. Weitere junge Menschen suchen nach »Führung von oben«, »etwas, an das man sich halten kann« oder »eine Anweisung, wie ich leben soll«.

Diese verzweifelten Rufe kommen nicht nur von ein paar unglücklichen, unzufriedenen Teenagern, die meisten Jugendlichen empfinden diese Sehnsucht und sprechen das auch aus. Sie sind absolut ratlos in diesem existentiellen Lebensbereich. Es ist ganz ungewöhnlich, junge Menschen zu finden, die mit sich selbst im reinen sind, was Sinn und Zweck ihres Lebens betrifft, die mit sich und ihrer Welt zufrieden sind und die Abstand und Verständnis für das Leben in dieser verworrenen, wechselvollen, erschreckenden Welt haben.

Ein Kind schaut zunächst auf seine Eltern, um Richtungsweisung auf diesem Gebiet zu erhalten. Ob es diese bei ihnen findet, hängt von zwei Fragen ab; die erste ist: Haben die Eltern selber einen festen Standpunkt? Die zweite Frage: Kann ein Kind sich derartig mit seinen Eltern identifizieren, daß es die elterlichen Werte annimmt und integriert? Ein Kind, das sich nicht geliebt fühlt, wird dabei Schwierigkeiten haben.

Das erste Erfordernis

Betrachten wir das erste Erfordernis, das für ein Kind, das nach dem Sinn des Lebens sucht, notwendig ist. Wir Eltern müssen eine Grundlage besitzen, auf der unser Leben ruht und die den Anforderungen der Zeit standhält; etwas, das uns in jeder Phase unseres Lebens trägt und stützt: in den Entwicklungsjahren, dem eigentlichen Jugendalter, dem mittleren und höheren Alter, in Krisenzeiten der Ehe, der Finanzen, der Kinder, unserer eigenen Energie und vor allem in einer sich rapide wandelnden Gesellschaft, in der geistige Werte schnell verfallen. Wir Eltern müssen diese wesentliche Basis haben, auf der wir unser Leben aufbauen, um sie an unser Kind weitergeben zu können. Meiner Meinung nach ist das der wertvollste Schatz, den wir unseren Nachkommen hinterlassen können.

Was ist dieser unverzichtbare Besitz, der dem Leben Sinn und Zweck gibt und auf unser Kind übertragbar ist? Viele Menschen haben ihn seit Beginn unserer Zivilisation gesucht, aber nur wenige haben ihn wirklich gefunden. Philosophen haben seit Jahrhunderten mit diesen Fragen und Antworten gerungen. Diplomaten vieler Nationen haben gelegentlich geglaubt, einige Antworten gefunden zu haben. Regierungen behaupten selbst heute noch, Antworten zu haben, aber ihre mit soviel Akribie geplante Gesetzgebung läßt die Herzen so leer und sehnsüchtig wie zuvor, nur abhängiger von menschlicher (Regierungs-)Kontrolle. Das weite Feld der Psychiatrie bietet Hilfe bei Gemütsleiden, seelischen Störungen, psychophysiologischen Unregelmäßigkeiten, Anpassungsschwierigkeiten und Eheproblemen.

Aber dieser unschätzbare, friedenspendende Besitz, den jedes Herz ersehnt, ist eine Person, ist Gott. Er ist zutiefst persönlich, kann jedoch mit anderen geteilt werden. Er gibt Kraft in Konfliktsituationen und tröstet in Zeiten der Traurigkeit. Er verleiht Weisheit in Zeiten der Verwirrung und Wahrheit nach denen des Irrtums. Er brachte und bringt noch heute Hilfe und verspricht noch mehr Hilfe für die Zukunft. Er weist die Richtung und führt zu allen Zeiten. Doch läßt er uns nicht allein – er ist uns näher als ein Bruder.

Er gibt Richtlinien, die ausgeführt werden müssen, doch auch wundervolle Versprechungen denen, die bereit sind, zu gehorchen. Er läßt zu Zeiten Verlust und Schmerz zu, aber immer heilt und ersetzt er das Verlorene durch etwas Besseres. Er drängt sich uns nicht auf, sondern wartet geduldig darauf, angenommen zu werden. Er zwingt uns nicht, seinen Willen zu tun, ist aber tief verletzt und traurig, wenn wir den falschen Weg wählen. Er wünscht, daß wir ihn lieben, weil er uns zuerst geliebt hat, aber er hat uns den freien Willen gegeben, ihn zu wählen oder zu verwerfen. Er möchte für uns sorgen, lehnt es aber ab, sich uns aufzudrängen. Sein größter Wunsch ist es, unser Vater zu sein, aber er will niemanden zwingen. Wenn wir wünschen, was er wünscht, nämlich ein liebevoll sorgendes Vater-Kind-Verhältnis, müssen wir sein Anerbieten annehmen. Er ist zu verständnisvoll, es zu erzwingen. Er wartet darauf, daß Sie und ich seine Kinder werden. Er ist ein persönlicher Gott.

Dieses unmittelbare persönliche Verhältnis zu Gott durch seinen Sohn Jesus Christus ist das Wichtigste im Leben. Es ist das »etwas«, das unsere jungen Menschen ersehnen, der »Sinn des Lebens«, »das, worauf man zählen kann«, die »Führung von oben«, »das, was Trost bringt, wenn alles auseinander zu fallen scheint«. Alles ist darin enthalten.

Besitzen Sie das? Wenn es nicht der Fall ist, dann suchen Sie Hilfe bei einem Geistlichen oder einem christlichen Freund, oder schreiben Sie mir über den Verlag. Ich werde Ihnen dann hilfreiches Material zusenden.

Das zweite Erfordernis, das nötig ist, um dem Kind das mitzugeben, was wir besitzen, ist die Möglichkeit für ein Kind, sich so mit seinen Eltern zu identifizieren, daß es die elterlichen Wertvorstellungen annehmen und sich zu eigen machen kann.

Wie Sie sich erinnern werden, hat ein Kind diese Identifikationsschwierigkeiten den Eltern und ihren Wertvorstellungen gegenüber, wenn es sich nicht geliebt und angenommen fühlt. Ohne eine kraftvolle, gesunde Beziehung zu den Eltern reagiert das Kind auf die elterliche Führung mit Ärger, Ablehnung und Feindseligkeit und lernt, ihr zu widerstehen. In schweren Fällen beginnt ein Kind, jede elterliche Bitte mit so viel Widerstand entgegenzunehmen, daß seine gesamte Einstellung zur elterlichen Autorität und gelegentlich zu überhaupt jeder Autorität, auch der göttlichen, genau im Gegensatz zu dem steht, was erreicht werden sollte.

An dieser Haltung und Einstellung kann man sehen, wie schwer es werden kann, dem Kind seine eigenen ethischen Wertvorstellungen zu übermitteln.

Damit sich ein Kind völlig mit seinen Eltern identifizieren kann und in der Lage ist, ihre Wertvorstellungen anzunehmen, muß es sich zutiefst geliebt und akzeptiert fühlen. Um ihrem Kind zu einer so engen Beziehung zu Gott zu verhelfen, wie sie selbst sie haben, müssen sich die Eltern vergewissern, daß sich das Kind bedingungslos geliebt fühlt, und zwar weil auch Gott uns bedingungslos liebt. Es ist außerordentlich schwierig, sich von Gott geliebt zu fühlen, wenn man dieses Gefühl nicht von seinen Eltern her kannte. Für viele Menschen, die eine persönliche Beziehung zu Gott haben möchten, ist dies gewöhnlich auch das größte Hindernis. Eltern müssen das bei ihren eigenen Kindern zu vermeiden suchen.

Woher können Eltern mit Sicherheit wissen, daß ihr Kind bereit ist, Gottes Liebe anzunehmen? Nur indem sie sicher sind, daß sie die emotionalen Bedürfnisse ihres Kindes befriedigen und seinen »emotionellen Tank« stets gefüllt halten. Eltern können nur dann erwarten, daß ihr Kind ein enges, warmes, lohnendes Verhältnis zu Gott findet, wenn es ein solches Verhältnis auch zu ihnen selbst hat und sie ihr Kind emotionell immer gut versorgt haben.

Ich selber kenne auch Kinder, die mit der Rute erzogen wurden und Christen wurden. Aber weil sie vorwiegend mit Strafe statt mit Liebe aufgezogen wurden, konnten diese bedauernswerten Menschen selten ein gesundes, warmes, liebevolles Verhältnis zu Gott gewinnen. Unter dem Vorwand, anderen zu helfen, üben sie ihre Religion wie eine Strafmaßnahme aus. Sie verwenden alttestamentliche Forderungen und andere biblische Zitate, um ihr eigenes hartes, liebloses Verhalten zu rechtfertigen. Sie spielen sich auch als geistliche Obrigkeit auf, die über den allgemeinen

Anstand wacht. Es ist natürlich für jeden möglich, doch einmal den Weg zu Gott zu finden und seine Liebe anzunehmen, denn »bei Gott ist kein Ding unmöglich«. Leider werden die Chancen eines Kindes in dieser Hinsicht merklich geringer, wenn seine Eltern ihm nicht einen Grundstock an Liebe mitgegeben haben.

Um unserem Kind geistige Hilfe zu geben, sind zwei Erfordernisse unerläßlich: Die Eltern müssen ein persönliches Verhältnis zu Gott haben, und das Kind muß die Gewißheit haben, bedingungslos geliebt zu werden.

Das Gedächtnis eines Kindes

Was wir über Kinder noch wissen sollten, weil es so wichtig ist: Wie arbeitet ihr Gedächtnis? Erinnern wir uns, daß ein Kind viel eher emotional als kognitiv ist. Deshalb kann es sich sehr viel leichter an Gefühle als an Tatsachen erinnern, z. B. weiß es viel besser, wie es sich in einer bestimmten Situation fühlte, als sich an Einzelheiten zu erinnern.

Hier ein sehr treffendes Beispiel: Ein Kind im Kindergottesdienst wird sich noch lange daran erinnern, wie es sich damals fühlte, nachdem es schon längst das, was gesagt oder gelehrt wurde, vergessen hat.

Deshalb sind im Grunde für ein Kind im Gottesdienst erfreuliche oder unerfreuliche Erlebnisse viel bedeutsamer, als die Details, die es lernen sollte. Mit erfreulichen Erlebnissen meine ich nicht, daß der Lehrer dem Bedürfnis eines Kindes nach Witzen und Späßen entgegenkommen muß, er sollte aber das Kind mit Respekt, Freundlichkeit und Interesse behandeln, sollte ihm das Gefühl geben, mit sich selbst zufrieden zu sein, sollte das Kind nicht kritisieren, demütigen oder es herabsetzen.

Natürlich ist es außerordentlich wichtig, was ein Kind lernt, aber wenn dies gleichzeitig ein beschämendes oder langweiliges Erlebnis darstellt, wird das Kind möglicherweise den besten Unterricht zurückweisen, besonders wenn es sich dabei um Moral und Ethik handelt. Durch solche Erfahrungen entwickelt ein Kind Vorurteile gegen alles, was mit Religion zu tun hat und hält alle religiösen Menschen für Heuchler. Diese Einstellung ist dann nur schwer zu revidieren, sie kann ein Leben lang andauern. Wenn auf der anderen Seite das Lernerlebnis erfreulich war, wird das Kind freundliche Erinnerungen mit religiösen Dingen verbinden, die dann ganz in die Persönlichkeit des Kindes eingehen.

Zur Veranschaulichung möchte ich von Michael, dem achtjährigen Sohn von Freunden erzählen, der gerne in den Kindergottesdienst ging und von religiösen Dingen gerne hörte; es war wirklich kein Problem, ihn zur Kirche zu schicken. An einem Sonntag jedoch waren Michael und ein anderer Junge beim Unterricht unruhig, sie lachten und schwatzten. Man sperrte die beiden Jungen gedankenlos in einen kleinen Raum ein, wo sie solange »du sollst deinen Vater und deine Mutter ehren« schreiben mußten, bis ihre Eltern sie abholten. Die Unsinnigkeit und Gefühllosigkeit dieser ungerechten und beschämenden Strafe hatten dramatische Folgen. Sie erregte in Michael solchen Zorn, Schmerz und Widerspruch, daß er allen religiösen Dingen gegenüber eine feindselige Haltung einnahm. Er wollte nicht mehr zur Kirche gehen, und natürlich hatte auch seine positive Vorstellung von Gott stark gelitten. Erst nach langen Bemühungen waren seine Eltern in der Lage, Michael wieder zum Glauben an christliche Wahrheiten zu verhelfen.

So etwas kann in kleinerem oder größerem Ausmaß geschehen, wenn ein Lehrer die Wichtigkeit seines Unterrichts vor das emotionale Wohlergehen eines Kindes setzt. Weil ein Kind sich viel leichter an Gefühle als an Tatsachen erinnern kann, muß es eine Fülle von freundlichen Erinnerungen haben, auf denen es die Tatsachen und vor allem die religiösen anhäufen kann.

Ein allgemeines Mißverständnis

Hier möchte ich ein allgemeines Mißverständnis untersuchen. Es heißt etwa: »Ich möchte, daß mein Kind seine Entscheidungen selbst trifft, nachdem es alles kennengelernt hat. Es soll nicht denken, es müßte glauben, was ich glaube. Ich möchte, daß es auch über andere Religionen und Philosophien Bescheid weiß, dann kann es, wenn es groß ist, seine eigenen Entscheidungen treffen.«

Diese Eltern haben unsere Welt nicht begriffen oder scheinen in völliger Unkenntnis der heutigen Zeit zu leben; ein Kind, das mit dieser Einstellung erzogen wurde, kann uns nur leid tun. Ohne ständige Führung und Belehrung in ethischen, moralischen und geistigen Dingen wird es in dieser Welt zunehmend verunsichert werden. Dabei gibt es vernünftige Antworten zu vielen Konflikten des Lebens und seine scheinbaren Widersprüche.

Eines der besten Geschenke, die Eltern ihrem Kind machen können, ist ein klares, grundlegendes Verständnis der Welt und ihrer verwirrenden Probleme. Ist es ein Wunder, daß viele Kinder ohne diesen festen Unterbau von Wissen und Verstehen ihre Eltern anklagen: »Warum habt ihr mir keine Erklärung für all das gegeben? Wo liegt da der Sinn?«

Ein anderer Grund, warum geistige Dinge so sehr vernachlässigt werden, ist dieser: Immer mehr Gruppen, Organisationen und obskure Religionen bieten eine falsche Lebenshilfe an, die zerstört und versklavt. Diesen Leuten ist nichts lieber, als jemanden zu finden, der zu scheinbarer Toleranz erzogen wurde. Er ist eine sichere Beute für jede solcher Gruppen, die konkrete Antworten anbietet, ganz gleich, wie falsch und intolerant sie in Wirklichkeit sind – erinnern Sie sich an die Moon-Anhänger?

Ich finde es immer wieder erstaunlich, wie manche Eltern Tausende von Dollars ausgeben und auf unendlich lange politische Veranstaltungen gehen, um sicher zu sein, daß sie alles für die Ausbildung ihres Kindes getan haben. Bei der wichtigsten Vorbereitung jedoch, der Vorbereitung auf die geistigen Kämpfe und die Suche nach dem Sinn des Lebens ist es dem Kind selbst überlassen, sich zu verteidigen oder eine leichte Beute der Sekten zu werden.

Jedes Kind hört gern Geschichten

Wie bereiten Eltern ihr Kind auf geistige Dinge vor? Organisierter Religionsunterricht und kirchliche Gruppen sind außerordentlich wichtig für die Entwicklung eines Kindes. Aber nichts beeinflußt ein Kind mehr als sein Zuhause und das, was es dort hört und sieht. Dies gilt auch für religiöse Dinge. Eltern müssen sich aktiv an dem seelischen Wachstum ihres Kindes beteiligen, sie dürfen diese Aufgabe nicht anderen überlassen, nicht einmal ausgezeichneten kirchlichen Jugendleitern.

Zuerst müssen die Eltern selber ihr Kind an religiöse Dinge heranführen; sie sollen es nicht nur die geistigen Tatsachen an sich lehren, sondern auch, wie man sie im täglichen Leben anwendet. Das ist nicht leicht.

Es wäre zu einfach, wollten wir dem Kind nur die biblischen Grundbegriffe mitgeben, z. B. wer die verschiedenen Personen in der Bibel waren und was sie taten. Aber das ist nicht das, was wir letztlich meinen. Was wir für unser Kind wollen, ist, daß es versteht, welche Bedeutung die biblischen Gestalten und Lehren für sein Leben haben. Das können wir nur mit einer Art persönlichem Opfer erreichen, z. B. mit konzentrierter Aufmerksamkeit. Das, worüber wir gerade sprechen, setzt tatsächlich konzentrierte Aufmerksamkeit voraus. Wir müssen bereit sein, Zeit für unser Kind allein zu haben, um sowohl seine emotionellen wie auch seine geistigen Bedürfnisse zu befriedigen. Das sollten wir so oft wie möglich tun, und warum nicht gleichzeitig?

Das Zubettgehen ist gewöhnlich die günstigste Zeit, das zu tun, denn die meisten Kinder sind dann bereit, sich ganz auf die Eltern einzustellen. Ob das nun daran liegt, daß ihr »emotioneller Tank« gefüllt werden muß oder weil sie die Schlafenszeit noch ein wenig hinauszögern wollen, spielt dabei keine Rolle. Es kommt nur darauf an, die Gelegenheit zur Befriedigung der emotionellen Bedürfnisse des Kindes zu haben und ihm geistige Schulung und Führung geben zu können, und zwar in einer gelösten Atmosphäre, an die sich das Kind gerne erinnern wird. Wann sonst können Eltern ihren Kindern so viel auf so einfache Weise mitgeben?

Jedes Kind liebt Geschichten. Ich persönlich beginne immer mit einer Geschichte nach Wahl meines Kindes. Manchmal ist es eine weltliche Geschichte, dann wieder eine aus einem religiösen Buch. Manchmal möchte mein Kind auch, daß ich mir selber eine Geschichte ausdenke.

Danach lese ich dann eine kurze erbauliche Geschichte aus einem christlichen Kinderbuch vor. Meine Jungen beantworten gerne Fragen aus den Geschichten, deswegen suche ich Bücher aus, die Fragen am Ende jeder Geschichte haben.

Sobald ein Kind Fragen beantwortet, kann man immer Ähnlichkeiten finden und Beziehungen zu seinem eigenen Leben herstellen. Das Schwierige ist nur, dem Kind die Botschaft nahezubringen, und weil viele Eltern sich dabei unsicher und unfähig fühlen, geben sie es gewöhnlich auf, besonders wenn das Kind nicht viel an Fragen beiträgt. Dadurch sollten Sie sich aber nicht entmutigen lassen! Sie können versichert sein, daß Sie einen starken Einfluß auf Ihr Kind ausüben, ob es nun zu reagieren scheint oder nicht. Die auf diese Weise mit Ihrem Kind verbrachte Zeit hinterläßt einen nachhaltigen Eindruck. Wenn Sie Ihr Kind nicht jetzt auf geistigem Gebiet beeinflussen, wird es ein anderer später tun.

Teilen Sie Ihr geistiges Leben mit Ihrem Kind

Ich möchte noch eine andere Möglichkeit erwähnen, wie man einem Kind geistig helfen kann. Durch die Kenntnis der Tatsachen, die ein Kind in Schule, Kindergottesdienst und zu Hause erworben hat, erhält es den rohen Unterbau, auf dem es sein geistiges Leben aufbauen kann. Es muß nun versuchen, diese Kenntnisse effektiv und sorgfältig einzusetzen, um ein geistig reifer Mensch zu werden. Damit ihm das gelingt, braucht ein Kind die Erfahrung des täglichen Umgangs mit Gott und die Unterweisung im Gottvertrauen.

Die beste Möglichkeit, Ihrem Kind dabei zu helfen, ist, Ihr eigenes geistliches Leben mit ihm zu teilen. Natürlich hängt, was und wieviel Sie mit dem Kind teilen, von dem Alter des Kindes ab, von seinem Entwicklungsgrad und seiner Fähigkeit, zu begreifen und damit umzugehen.

Wenn ein Kind älter wird, möchten wir Eltern, daß es immer mehr an unserer Liebe zu Gott teilhat, täglich mit ihm umgeht, ihm vertraut, seinen Rat und seine Hilfe sucht und ihm dankt für seine Liebe, Fürsorge, Gaben und erhörte Gebete.

Dies alles möchten wir mit unserem Kind teilen, wenn es geschieht, nicht hinterher. Nur wenn es dabei ist, kann ein Kind »Schulung« erhalten. Frühere Erfahrungen zu teilen, gleicht nur einer Tatsacheninformation, ein Kind kann dadurch nicht aus eigener Erfahrung lernen. Es steckt eine Menge Wahrheit in dem alten Sprichwort »Erfahrung ist der beste

Lehrer«. Lassen Sie Ihr Kind an Ihren Erfahrungen teilhaben. Je früher ein Kind Gottvertrauen lernt, desto stärker wird sein Glaube werden.

Ein Kind muß erfahren, wie Gott alle persönlichen und familiären Bedürfnisse befriedigt, einschließlich der finanziellen. Es muß wissen, worum seine Eltern beten, und es muß z. B. wissen, wenn Sie für andere beten. Es sollte, wenn es Ihnen geeignet erscheint, die Probleme erfahren, die Sie vor Gott bringen. Und vergessen Sie nicht, Ihrem Kind davon zu erzählen, wie Gott in Ihr Leben eingreift, wie er Sie dazu benutzt, anderen zu helfen. Selbstverständlich sollte ein Kind auch wissen, daß Sie für es beten und für seine individuellen, besonderen Bedürfnisse.

Schließlich muß Ihr Kind an Ihrem Beispiel lernen, wie man verzeiht und wie man Verzeihung bei Gott und den Menschen findet. Eltern machen das zuerst durch Verzeihen klar, wie wir es im 9. Kapitel besprochen haben. Als nächstes geben sie, wenn sie ihr Kind durch einen Fehler verletzt haben, diesen Fehler zu, entschuldigen sich bei dem Kind und bitten es um Verzeihung. Ich kann nicht oft genug betonen, wie wichtig das ist. So viele Menschen haben heutzutage Probleme mit ihrem Schuldgefühl, sie können nicht vergeben, und sie kennen auch nicht das Gefühl der Verzeihung. Was kann trauriger sein? Aber derjenige ist glücklich zu schätzen, der gelernt hat, denen zu vergeben, die ihn gekränkt haben und der um Verzeihung bitten und sie auch empfangen kann, er weist ein Zeichen geistiger Gesundheit auf.

Liebe Eltern, ich hoffe, Sie werden ernsthaft über den Inhalt dieses Buches nachdenken. Es wurde speziell für Sie geschrieben von einem anderen Vater, dessen größter Wunsch es ist, daß seine und Ihre Kinder zu starken, gesunden, fröhlichen und unabhängigen Erwachsenen werden. Ich hoffe, Sie werden dieses Bändchen immer wieder lesen. Ich für meinen Teil muß ständig daran erinnert werden, wie ich meine Kinder richtig lieben soll.